일 잘하는 팀장은 숫자로 일한다

팀장을 위한 회계

ACCOUNTING

****

Date: 31/05/2021
Author: Satoshi Taniguchi
Reader: Team Leader

일 잘하는 팀장은 숫자로 일한다

팀장을 위한 회계

다 니 구 치 사 토 시 지음 박 재 영 옮김

회계를 모르고 승진할 생각 마라

****

ACCOUNTING FOR TEAM LEADER

센시오

팀장이 '숫자'를 모르면
회사 사정에 휘둘린다

필자는 오랫동안 수많은 회사의 회계감사와 최고재무책임자(CFO)로 일해 왔는데, 호황을 누리다 정체되고 있는 회사에는 공통점이 있다.

한결같이 과거의 기억을 떨쳐내지 못하고, 사업을 확대하기 위한 움직임에는 관성적으로 반응하며, 적자 사업을 정리하는 데는 소극적이다. 더욱이, 회사 사장뿐 아니라 실무를 담당하는 팀장까지도 회계 마인드가 부족해 급변하는 시장 상황에서 취해야 할 '수비 경영'에 대응하지 못한다.

10여 년 전까지만 해도 일류 기업이었지만 이익이 대폭 감소하면서 끊임없이 구조 개혁을 하고 있는 기업도 있고, 분식회계를 저지르고 이를 조직적으로 은폐한 기업도 있다. 만약 평소에 '회계 마인드'로 투자 효율과 이익률 변화에 만반의 준비를 하고 있었더라면 이렇게까지 회사가 흔들리는 일은 없었을 것이다.

회계 마인드란 한마디로 '회사를 안다'는 것이다. 회사의 현재 상태를 객관적으로 알고 미래의 청사진을 예측한다는 것이다. 회계에서 보여주는 숫자는, 배로 치면 진행 방향을 가리키는 나침반이자 풍속계요, 연료계다. 조종실 계기판에 나타나는 각종 정보는 항해의 목적에 적합한 최선의 방책을 강구하기 위한 판단의 근거가 된다. 즉, 경영에 필요한 정보의 99퍼센트는 숫자와 관계가 있다. 따라서 현장의 최전선에 있는 팀장이 '숫자'를 알고 일한다면 회사의 가치와 함께 팀장 자신의 가치도 올릴 수 있다. 팀장을 위한 회계는 어렵지 않다. 여러 숫자 중 팀장이 봐야 할 숫자만 알면 된다.

하지만 팀장이 '숫자'를 모르면 시장 상황뿐 아니라 회사 사정에 따라 휘둘리게 될 것이다. 그렇게 회사에서 잘려나갈 수도 있다.

회사에서 믿을 건 숫자밖에 없다

쇠락하는 회사의 관계자를 만나 보면 하나같이 적자의 이유를 핵심을 벗어난 곳에서 찾는다. 더구나 부진한 사업의 투자 효율과 원가 구성, 자금 조달 현황 등 기본적인 회계 수치에 대해 제대로 답하는 경우가 거의 없다. 그중에는 자금난에 빠졌는데도 현실을 제대로 인식하지 못하는 사람도 많다. 회사가 현재 어떤 상태에 있는지 정확하게 인식할 만한 근거가 없는 것이다. 그저 자금이 조금 부족할 뿐, 언젠가는 다시 이익이 날 거라고 믿고 있다.

그러나 기업이 반복적으로 자금난을 겪고 있다면 근본적인 원인은 그렇게 단순하지 않을 수 있다. 이런 회사를 회생시키기 위해서는 경영전략 측면에서 대대적인 변화가 요구된다. 단도직입적으로 말해, 의사 결정권자에게 정확하고 객관적인 데이터와 정보를 제공하는 팀장의 역할이 매우 중요하다.

오랫동안 적자를 내던 사업의 흑자 전환은 경비를 절감하는 등의 잔재주로는 절대 달성할 수 없다. 사업 분야는 물론 영업 방침을 근본적으로 재검토해야 한다. 회사의 현재 상태를 정확하게 알고 회사의 비전을 명확하게 공유해야만 한다. 그 과정에서 숫자는 모두의 목표를 하나로 모으는 중요한 역할을 한다. 특히 모회사와 자회사 등 관련 회사가 많은 대기업의 경우 그룹 전체의 매출액이 몇 천억 원이 넘고, 사업 영역도 다양해서 모든 사업을 세부적으로 이해할 수 없다. 정교한 경영관리 시스템을 갖추고 있지 않으면 정확한 회계 수치와 정보를 얻지 못해 잘못된 판단을 하게 된다.

팀장이 숫자를 알면 무엇이 달라질까?

팀장은 팀원들과 회사의 연결고리이며, 더 나아가 경영전략을 실행하는 역할을 할 수도 있다. 따라서 자사의 경영 상태를 정확하게 파악하고 신뢰성 높은 정보를 토대로 최적의 경영전략을 구축하도록 하는 것이 이들의 역할이다. 회사는 경영전략의 패러다임을 과감하게 전환할 수 있어야 하는데, 이때 이를 합리적으로 뒷받침할 회계 데이터와 문제 해결 방안을 제시해야 한다. 이때 숫자를 잘 아는 팀장은 생사를 걸고 시장 환경에 적응해야만 하는 회사에 반드시 필요한 존재다.

회사에 몇몇 뛰어난 회계 전문가가 있다고 그 기업의 회계 활용력이 높아지는 것은 아니다. 팀장 역시 각자 맡고 있는 업무에 회계 마인드를 도입할 때 합리적인 결정에 도달할 수 있고, 뚜렷한 목표를 가지고 성장할 수 있다. 평소 숫자에 익숙한 직원이 그렇지 않은 직원보다 앞서가는 것 또한 명백한 사실이다.

이 책은 팀장의 경영전략 능력은 물론 일상의 업무에서 회계 마인드를 갖도록 돕는 데 목표를 두고 있다.

'경영전략을 유기적으로 연결해 회사의 문제를 해결하는 데 기여하려면 어떤 생각을 갖고 어떤 실무 과정을 거쳐야 할까?'

이에 대한 답으로 이 책에서는 팀장에게 필요한 경리·재무와 전략계획 업무 등 회계와 관련된 업무를 꿰뚫어 보고, 실무에서 활용할 수 있는 구체적인 정보들을 선별해 담았다. 또한 업무에 회계 도구를 도입할 때 어떤 순서로, 어떻게 활용하면 현장에 도움이 될지를 고려해 집필했다. 이 책이 현장의 중심에 있는 팀장들의 업무 능력 향상에 도움이 된다면 정말 기쁠 것이다.

회사는 99% 숫자로 이루어져 있다

2장 팀장이 숫자를 알아야 하는 이유 "사업의 성패가 숫자에 달려 있기 때문"

3장 숫자를 제대로 알면 M&A에서 무조건 유리하다

4장 업무를 장악한 팀장은 '예산'과 '목표' 숫자에 친숙하다

5장 회사의 미래가 불확실할수록 팀장은 숫자에 매달려야 한다

6장 회사의 생명줄, 자금 조달에 관한 실무 꿰뚫기

Accounting

For

Team

Leader

1장

회사는 99% 숫자로
이루어져 있다

회사의 경영전략에 회계 마인드가 반드시 필요한 이유는 무엇일까? 회계 부서만이 아니라 조직의 모든 구성원, 특히 팀장에게 회계 마인드가 필요한 이유는 무엇일까? 회계가 경영의 나침반, 속도계, 연료계 역할을 하며 회사가 처한 상황을 정확하게 알려주기 때문이다. 현실을 잘못 인식하는 한 효과적인 경영전략은 짤 수 없다.

회계와 관련된 숫자를 제대로 활용하려면 평소에 경영관리 능력을 연마하기 위해 노력해야 한다. 이를 게을리하는 회사가 저지르는 실수는 매우 전형적이다. 이번 장에서는 회계 마인드의 실용성에 대해 알아보고, 비회계 부서의 팀장에게 왜 회계 마인드가 필요한지에 대해 생각해 보고자 한다.

기업의 민낯,
회계를 마주하라

얼마 전 갑자기 옆구리에 통증이 느껴져서 종합병원에 가서 진료를 받았다. 그때 의사는 필자에게 이것저것 물어보고는 '○○병일 가능성도 있다', '○○병의 징후일지 모른다'라며 소변검사부터 혈액검사, 위 내시경 검사, CT 검사, 엑스레이 촬영까지 정말 많은 검사를 받게 했다.

 필자는 통증에 대해 내가 한 말을 의사가 별로 참작하지 않은 것이 석연치 않아서 의사에게 내가 무슨 말을 했는지 검사 대기실에 앉아 곰곰이 생각해봤다.

 "언제부터인가?"→"일주일쯤 전부터"
 "어느 부분인가?"→"(왼쪽 옆구리를 누르며) 이 부근이"

"어떻게 아픈가?"→"뭔가 이렇게 쿡쿡 쑤신다"

"언제 아픈가?"→"왠지 모르겠지만 음식을 먹기 전에"

이렇게 생각해 보니 의사가 왜 그렇게 했는지 이해할 수 있을 것 같았다. 의사의 질문에 뭐 하나 명확하게 대답한 게 없었던 것이다. '일주일쯤 전부터…', '이 부근…', '뭔가 이렇게…', '왠지 모르겠지만…' 이런 핵심에서 벗어난 불분명하고 부족한 정보로 통증의 원인을 특정하고 그에 맞는 치료법을 찾아내는 게 어려울 거라는 것은 비전문가인 내가 봐도 당연할 듯했다. 의사 입장에서는 환자의 주관적인 말에만 의지할 수는 없을 것이다. 더구나 병명을 특정하거나 치료법을 찾을 때는 신뢰성 없는 환자의 진술 대신 객관적인 데이터가 필요할 것이다.

생각해 보면 그 의사의 사고 과정이나 행동은 우리가 기업에서 회계감사와 사업 회생을 실시할 때의 판단 과정과 매우 비슷하다. 기업은 일상적으로 경영에 관한 의사 결정을 반복한다. 그 의사 결정이 적절하면 기업은 이익을 내 사업을 계속 확대할 수 있게 되고, 반대의 경우에는 적자가 난다.

우량한 회사는 그 징후를 조기에 발견하기 위한 경영관리 시스템을 갖추고 있다. 말하자면 회사 내에 최고의 의료진과 의료 장비를 갖춰놓고 해마다 건강진단을 받으며 병을 사전에 예방하기 위해 노력한다. 반면 경영관리를 소홀히 해 최소한의 검사 기능만 갖추고 있는 적자 기업은 병을 미리 발견하려고 노력하지만 뜻대로 되지 않는다.

병원에서 환자의 환부를 찾아낼 때 이용하는 과학기술이 뒷받침되는 측정 도구가 기업에는 아직 없다. 문제 해결을 위해 사장 직속 프로젝트 팀이 조직되더라도 회사 구석구석까지 신경 쓰는 데는 한계가 있고, 할 수 있는 것은 전문 지식과 경험한 일에 한한다. 결국 사내의 역량만으로는 대응하지 못해서 외부 전문가에게 의존해야 한다.

그러나 기업 회생 전문가라 해도 기업의 결점을 특정하는 데는 어려움이 있다. 그 이유는 경영난의 원인이 그렇게 단순하지 않고, 또 원인을 하나로 좁힐 수 있는 것도 아니기 때문이다. 기업이 적자가 났을 때 어느 한 부분을 바로잡는다고 회복되는 경우는 드물고, 그 이유가 복합적인 경우가 대부분이다.

채산성이 낮은 기업이란, 시장 분석을 잘못한 결과 매출은 해마다 감소하는데 고정비는 줄지 않고 원가율만 상승해 적자에 빠지는 기업을 말한다. 그렇게 되면 신규 투자 자금은 물론 품질 관리 자금도 부족해져 서서히 기초 체력이 약해진다. 한번 판단을 잘못하면 다음 계획에 차질이 생기고, 그것이 방사상으로 퍼져 나가 계속 다른 기능들이 저하된다. 이쯤 되면 기업은 빠져나오기 어려운 악순환을 되풀이하게 된다.

이렇게 실적 부진의 한가운데에 있는 회사를 되살리려면 어떻게 해야 할까?

기업 진단은 의사가 환자를 진단할 때 그러는 것처럼 회사의 전략 부서나 실적이 저조한 사업 부문의 현장에 가서 경영자와 해당 사업의 책임자, 심지어 직원의 이야기를 듣는 데서부터 시작한다. 회사라는 곳은 그곳에서 일하는 사람, 제품, 자금이 유기적으로 결합하여 기능한다. 회사의 어느 곳에 개혁의 열쇠가 있는지 알아내려면 그곳에서 일하는 사람들의 입을 통해 그 단서를 찾아내는 수밖에 없다.

그런데 인터뷰를 하다 보면 정말로 재미있는 현상이 나타난다. 이를테면 회사의 임원들에게 현재의 매출 상태에 대한 생각을 묻는다. 매출이라는 것은 그날그날의 영업 성과로 나타나거나 혹은 손익계산서를 통해 확인할 수 있기 때문에 무엇보다 객관적인 숫자다. 그런데 같은 회사 구성원이라도 자사의 매출에 대한 생각이 다 다르고, 각자 그렇게 생각하는 이유도 다 다르다. '내가 아는 한에서는' 혹은 '내 입장은'이라고 대답하는 경우가 대부분이고, 질문의 핵심을 비켜가기 일쑤다. 이는 매사를 각자의 주관과 위치에서 보고 회사 입장에서는 생각하지 않기 때문이다.

경영자는 회사 차원의 종합적 관점을 가져야 하는 위치에 있다. 그러나 영업부장이나 제조부장 등은 자신의 직무 범위에는 정통하지만 부서 밖 사정에 대해서는 잘 모르는 경우가 많다. 특히 수익성 낮은 회사는 부서 간에 파벌주의가 만연해 다른 부서를 마치 다른 회사처럼 여기는 경우가 있다. 다른 부서를 도리어 적으로 단정하고는 당당하게 회사 내에서 자신의 세력을 확대하는 데 여념이 없는 중간 관리자도 많다.

결과적으로 영업부장에게 '매출이 충분한가?'라고 물어보면 그는 직책상 '할 수 있는 방법은 다 썼다. 따라서 매출은 충분하다. 문제는 제조원가와 품질에 있다'라고 대답한다. 그렇다고 영업부에 제조원가에 관한 정보가 있을 리 없기 때문에 영업부장이 현실적인 원가 절감 계획을 가지고 있는 것도 아니다. 이는 다른 부서에 책임을 전가하는 것일 뿐이다. 따라서 그의 말은 회사 입장에서 '매출을 어떻게 해야 할까?'에 대해 대답한 것이 아니라 영업부 입장에서 '현재의 매출은 충분하지만 한계가 있다'는 것을 표현하는 것이며, 영업부장으로서의 입장을 표명하는 것이다. 그래서 이런 의견은 회사의 실태를 파악할 수 있는 적절한 자료가 되지 못한다.

　개혁은 여기에서 시작한다. 관리자가 회사의 현상을 어떻게 분석하고 있는지 듣고, 그것을 일일이 풀어서 무엇이 사실이고 무엇이 사실이 아닌지 밝혀내야 한다. 인터뷰이들이 가지고 있는 퍼즐 조각들을 한데 모아 불필요한 주관적 의견은 배제하고 모두가 이해할 수 있는 기업 전체의 모습이 담긴 그림으로 완성하는 것이다. 회사의 전체 모습이 현재 어떤지, 그 인식을 공유하는 과정이야말로 경영난에 빠진 회사를 살릴 개선책을 구상하기 위한 첫걸음이라 할 수 있다.

팀장에게
회계 마인드란?

기업의 경영은 주주와 채권자, 직원 등 이해관계자들의 참여로 이루어진다. 그러다 회사가 경영 부진에 빠지면 새로운 투자가와 그들이 고용한 외부의 회생 전문가, 사외 이사 등 이해관계자 수가 증가하게 된다.

그런 기업에서 지금까지의 패러다임을 변혁하기 위한 의사 결정을 하려고 한다면 수많은 이해관계자들이 모두 똑같은 기준으로 기업의 현재 상태와 비전을 공유해야 한다. 그렇게 하지 않으면 개혁안에 대해 이해관계자들의 동의를 얻기가 쉽지 않을 것이기 때문이다.

그 똑같은 기준으로 가장 중요한 역할을 하는 것이 바로 '회계'다. 여기서 회계란 '화폐적 가치로 환산할 때 회사의 상태는 어떤가', 즉 회사의 상태를 숫자로 나타낸 것을 말한다. 그리고 회계 마인드란 '기준이 되는 회계 수치를 중심으로 생각을 가다듬고 의사 결정에 이르는 과정'을 말한다.

아무리 경영자가 회사가 나아가야 할 방향을 알고 있더라도 매출이나 이익 등 숫자로 환산한 목표를 조직의 구성원이 공유하지 못하면 그 기업의 전략은 실효성을 거두기 어렵다. 경영자에게는 현재 기업을 어떻게 경영하고 있고 앞으로 어떻게 경영할 것인지에 대해 주주나 채권자에게 보고할 '설명 책임(accountability)'의 의무가 주어지는데, 이때도 그들이 관심을 보이는 것은 기업의 이익이나 투자 효율 같은 숫자로 된 회계적인 지표다. 즉, 기업이 존속하려면 조직 안팎의 이해관계자와 회사의 정보를 주고받기 위한 공통의 언어가 필요한데, 이 공통의 언어는 객관성, 보편성을 갖추어야 한다. 현재 그 공통의 언어 요건을 가장 잘 갖추고 있는 것이 바로 회계라 할 수 있다.

물론 기업이 의사 결정을 할 때 회계 데이터만 있다고 되는 것은 아니다. 회계는 가장 많은 이해관계자의 요구를 충족시키는 기준이기는 하지만, 기업에는 직원의 생산성이나 기업의 잠재적인 개발력, 브랜드 등 회계적으로는 측정할 수 없는 기업 가치, 경영 자원도 많다. 따라서 기업 전략을 구상할 때는 그러한 무형의 가치에 더해서 시장 규모 및 미래의 기술 개발 동향, 경쟁 업체 분석 등 비회계적 데이터도 충분히 검토해야 한다.

예를 들어 기업의 사업 전략을 구상할 때 '매출 감소를 막을 수 없다. 이 사태를 해결하려면 어떤 전략이 효과적일까?'라는 문제 제기를 했다고 하자.

이 질문에 답하려면 기업의 월간 손익 추이와 손익분기점(BEP: Break Even Point) 등 회계 데이터를 분석하는 것만으로는 부족하며, 넓게는 시장성장률과 경쟁 기업의 동향 등 비회계적 데이터에 대한 고찰이 필수적으로 뒤따라야 한다.

매출이 저조할 때 그것이 시장성장률이나 경쟁 기업의 영향 때문이라고 판단한다면, 다음의 세 가지 경우를 생각해 볼 수 있다. 각 사례별로 회사가 취해야 할 전략은 다르다.

도표 1 | 매출 감소 유형

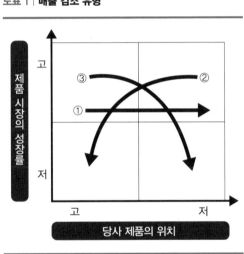

① 시장의 성장률이 일정하고 자사의 위치가 낮아지는 경우

② 자사는 경쟁 기업과 비교해 위치가 높아지고 있는데 시장의 쇠퇴가 뚜렷해서 결과적으로 매출이 감소하는 경우

③ 제품 시장이 쇠퇴하고 자사의 위치도 낮아지는 경우

　①의 경우에는 시장이 일정하게 성장하는데도 자사가 어떤 이유로 경쟁에서 밀리고 있는 것이기 때문에 그 주된 원인과 최적의 개선책을 찾아야 한다. 각각의 개선책을 따를 때 드는 비용과 가정할 수 있는 효과를 신중하게 헤아려 가장 적합한 안건을 실행하고, 그 경과를 모니터링하면 된다.

　그러나 ②는 경쟁에서 이기고 있는데도 시장 규모 자체가 줄어들기 시작한 경우다. 이 경우에는 경쟁에서 이기는 전략보다 제품의 수명을 연장시킬 방법을 찾거나 쇠퇴하는 시장에서 어떻게 생존하고 이익을 낼 것인지를 검토해야 한다.

　③의 경우에는 ①과 ②의 문제점이 복합적으로 나타나서 문제 해결의 난도가 훨씬 높다.

　이와 관련된 전략 수립 과정은 도표 2와 같다.

　STEP 1에서는 기본적인 회계 수치, 즉 숫자를 통해 회사의 큰 틀을 이해하고 경영자 인터뷰 등을 통해 질 높은 정보를 수집한 뒤 현재 시점에서의 '정점 관측(定點 觀測)'을 강화하는 것이 목적이다.

　STEP 2에서는 회계 데이터, 비회계 데이터를 섞어서 대처해야 할 과제와 그것을 해결하기 위한 가설을 종합적으로 고려해 구체적인 전략안을 수립한다. 이때 전략안 실행 결과 회사에 어떤 성과가 나타날지를 예측하고, 회사가 '지향해야 할 자세'를 회계 수치로 명확하게 정한다.

STEP 3에서는 전략안을 계획대로 실행에 옮긴 후 그 결과를 모니터링하고 전략 실행 후의 매출액, 최종 이익, 유이자 부채(이자가 발생하는 부채), 투자 효율 등에 대해 사후 평가를 실시한다. 이렇게 전략안이 효과적이었는지를 수치로 평가하면 이해관계자들에게 그 결과를 일목요연하게 전달할 수 있다. 이를 위해서는 사내에 경영관리 시스템을 구축해야 하며, 전략안 실행과 진척 상황을 모니터링할 담당 부서가 필요하다.

경영전략 수립의 한 예로 1999년 10월 발표한 닛산자동차의 '닛산 재건 계획'을 살펴보자. 이 계획은 장기적인 적자로 위태로웠던 닛산

도표 2 | 경영전략 수립 과정

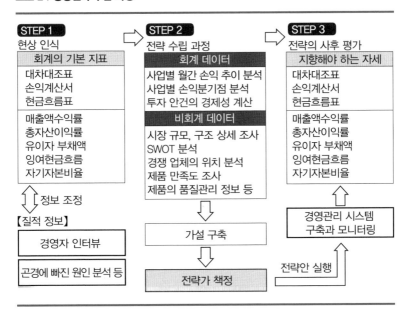

자동차에 카를로스 곤이 최고운영책임자로 부임하고 6개월 만에 발표되었다.

이 계획은 크게 (1) 진단, (2) 재건 계획, (3) 성취 목표의 3단계로 이루어졌다. '(1) 진단'에서는 과거의 적자와 유이자 부채, 일본 내 시장 점유율 등 과거의 객관적인 실적을 공유했다.

'(2) 재건 계획'에서는 아홉 개의 CFT(Cross Functional Team, 다기능 팀) 설치와 신제품 투입, 구매 활동 비용 절감 등 구체적인 전략을 수립했다. 그 결과 '(3) 성취 목표'로 ① 2002년 말까지 유이자 부채 50퍼센트 절감(판매금융 제외), ② 2000년도 연결결산 기준 흑자화, ③ 2002년도 영업이익률 4.5퍼센트 이상 달성 등의 회계 수치를 목표로 잡았다.

결국 회계 수치란 어디까지나 현재 상태를 정점으로 관측하여 앞으로 나아가야 할 방향을 사내·외에서 공유하는 기준이다. 하지만 '어떻게 그곳에 이를 것인가' 하는 전략안은 수많은 비회계적 요소를 고려해야 도출할 수 있다. '무엇을 기준으로 현재 위치와 목표 지점을 측정하느냐'와 '무엇을 하면 그 목표 지점에 도달할 수 있느냐'는 다른 문제다.

숫자로 말할 수 없다면
좋은 경영전략이 아니다

평소 회사가 경영관리를 위한 노력을 기울이지 않는 한, 그 결과가 장부상에 회계 수치로 표현되지 않는 것은 당연하다. 회사 내에 어떤 수준의 회계 인프라를 구축하느냐에 따라 그에 상응하는 비용과 시간이 들어가게 된다. 그런데 이런 부분에 대해 충분히 이해하지 못하는 회사도 많다.

예전에 한 회사의 재무 컨설팅을 담당한 적이 있다. 다음 해에 모든 부서가 연간 목표를 달성한다고 가정할 때 손익계산서상에 이익이 얼마로 집계될지 파악하는 업무였다. 그런데 각 부서에서 전략 부서에 제출한 연간 계획과 목표 관리 시트 등을 보다가 부서별로 목표를 제각각 설정하거나 성과를 평가할 때 사용하는 주요 기준이 모두 다르다는 사실을 발견했다.

영업부의 경우는 평소 손익계산서에 나타나는 숫자와 친숙한 부서라 그런지 비교적 이해하기 쉽게 작성돼 있었다. 하지만 제조부나 개발부는 사정이 많이 달랐다. 이를테면 제조부의 경우 제조 라인의 생산 효율 개선도를 전년도 수치와 대비되게 표시하기도 하고, 독자적인 기준으로 산정한 제조 관련 부가가치 등을 자주 언급하기도 했다. 그런데 이런 것은 미리 전제 조건을 설정하지 않으면 이익으로 전환할 수가 없다.

개발부가 제출한 자료 중 개발 리드 타임(lead time, 어떤 일의 발단에서 최종 결과가 나오기까지의 시간) 단축이나 지적재산권 취득 건수 같은 부서의 목표는 더욱 골칫거리였다. 그 목표를 달성한다고 해서 회사의 손익계산에 얼마나 큰 영향을 미칠지는 도무지 짐작할 수가 없었다. 그중에는 정량적인 목표도 없이 '업계 최고의 품질 달성', '영업 거점의 글로벌화 추진' 등 슬로건에 가까운 목표도 있었다. 목표 자체가 모호한 탓에 그 진척도 및 달성도를 측정하려고도 하지 않았던 것이다.

이대로 가다가는 겉핥기식 보고서를 쓰게 되겠다는 위기감이 들었다. 그래서 제조부와 개발부에 사정을 설명하고 그들의 이야기를 들었다. 그리고 그들의 부서 목표를 회사의 이익으로 환산하는 작업을 시작했는데, 생각 이상으로 끝이 보이지 않는 작업이었다. 당연했다. 필자는 회계 전문가이기는 하지만 특정 업계의 생산관리나 기술 개발 로드맵에 관해서는 완전 초짜였다. 그런 내게 그들만의 지표로 이야기한 탓에 그에 대해 전혀 공감할 수가 없었다. 반면 제조부와 개발부 사람들은 대부분 이공계 출신이었다. 그들에게 '당신들의 행동은 기

부서	목표 및 성과를 평가하는 기준	환산 난이도
영업부	전년 대비 매출액, 전년 대비 영업이익, 전년 대비 이익률, 시장점유율 증가율 등	하
제조부	제조 효율화 지표(전년 대비), 조업도, 총생산 금액, 제조 부가가치	중
개발부	개발 리드 타임 단축, 개발 시스템 쇄신, 지적재산권 인가 건수 등	상
자재구매부	전년 대비 절감 금액, 전년 대비 재고 금액, 재료 회전 기간 등	하

업 회계상 어느 정도의 이익에 해당하는가?'라고 묻더라도 명확하게 대답할 리가 없었다.

필자는 그때 현장의 행동 목표를 회사의 이익으로 환산하는 기준이 하루아침에 생기지 않는다는 것을 절감하는 동시에 어쩐지 오싹한 느낌이 들었다.

그 회사의 본사 전략 부서에서는 외부 투자가와 은행에 중·장기 이익 계획이나 적정 주가 등을 대대적으로 공표했다. 그러나 실제로 언급된 목표 수치는 현장에서의 행동 계획과 전혀 상관 없는 수치였다. '어떻게 하면 그 목표 이익을 달성할 수 있을까?'라는 기업의 생리학을 이해하지 못하고 있었던 것이다. 바꿔 말하자면 목표 이익을 달성하지 못하더라도 그 원인을 알 수 없다는 의미다.

평소 기업 활동을 외세 수지로 평가하는 경영 자세, 또 전략을 구상할 때 회사가 목표로 해야 할 회계 수치와 행동 계획을 일치시키기 위한 노력, 그리고 이를 가능하게 하는 회계 인프라의 정비는 기업 전략의 실효성을 확보하고자 할 때 회사가 가장 먼저 갖춰야 할 것들이다. 이때 회계 마인드로 사고하게 되면 항상 '그 경영전략을 실행하면 회사에 이익이 얼마나 생기는가?' 하는 식으로 기업 활동의 옳고 그름을 판단하게 된다.

숫자를 몰라 안 풀리는 회사의 4가지 공통점

그런데 이런 회계 마인드가 결여된 회사가 많은 듯하다. 회사의 현재 상태를 회계 수치, 즉 숫자를 통해 파악하는 정보 인프라가 갖춰져 있지 않아 전략안이 적합한지를 판단하는 경영관리 능력이 부족한 것이다.

회계를 과거 실적을 보고하는 용도로만 한정하고 회사의 앞날을 좌우하는 전략적 의사 결정에 활용하지 못하는 회사가 많다. 그래서 유가증권보고서나 계산 서류 등 법적으로 꼭 필요한 최소한의 설명 책임을 수행하는 정도로만 회계 인프라를 정비한다. 그런 회사를 볼 때마다 안타깝기 그지없다. 경영전략과 자금 조달에 관해 설명 책임의 의무를 이행할 때 이에 대한 정확도를 높일 자료가 회사 내에 충분히 있는데도 그것을 적극적으로 활용하지 못하기 때문이다.

이렇게 숫자를 제대로 활용할 줄 모르는 회사에는 다음과 같은 특징이 있다.

경영 이념뿐인 중기 경영 계획

회사가 약 3년마다 수립하는 중기 경영 계획은 3년 후 회사의 미래상과 거기에 도달하기 위한 수단과 그 과정에 관한 계획이다. 매출 목표, 이익률, 최종 이익, 투자 효율, 유이자 부채 총액에 더해 주요 사업 분야, 투자액, 각 부문별 매출액, 영업이익 등의 목표를 잡고, 관련 그룹 전체에 설득력 있게 전달하는 것으로, 이는 향후 3년 동안의 경영 청사진이라 할 수 있다. 이 중기 경영 계획은 현재의 주주를 설득할 때뿐 아니라 미래의 주주를 확보할 때도 중요한 역할을 한다.

그런데 회계 마인드가 부족한 회사에서는 애초에 중기 경영 계획이 없거나, 있더라도 기업 이념과 제품 개발 로드맵, 시장 규모와 동종 업계의 동향에 관한 설명 등 단편적인 경영 정보만 제시할 뿐이다. 그러한 정보를 근거로 무슨 일을 어떻게 하고 싶은지에 대해서는 구체적으로 언급하지 않는다. 3년 안에 달성해야 할 숫자로 된 목표도 없다. 정확하게 말하면 제시하고 싶어도 숫자를 제대로 활용할 줄 모르는 탓에 제시하지 못한다. 그 원인은 경영전략을 실행하면 결산에 어떤 영향을 미치는지, 그 관계를 이해하지 못하거나 애초에 경영전략을 실행할 생각조차 하지 않기 때문이다.

그런데 이렇게 발표한 중기 경영 계획이 기대에서 벗어나게 되면 실망한 기관투자가들이 떠나게 되고, 그로 인해 주가가 급락하게 된다.

직감에만 의지하는 투자 계획 및 M&A

숫자를 제대로 활용할 줄 모르는 회사의 두 번째 특징은 대형 투자 안건
이나 M&A에 관한 의사 결정을 할 때 객관적인 회계 데이터를 근거로
합리적으로 안건의 옳고 그름을 논의하는 능력이 부족하다는 것이다.

대형 투자 안건의 경우 향후 투자를 통해 얻을 수 있는 현금흐름과
사업상의 위험 등을 예측해 회계 수치에 반영해야 적절한 투자 금액
을 결정할 수 있다. 또 M&A를 할 경우에는 매수 대상 사업에 대한 기
업 실사를 충분히 해야 매수 금액의 산정 근거가 명확해진다. 하지만
숫자를 제대로 활용할 줄 모르는 기업은 이 두 가지를 소홀히 하는 것
은 물론, 영향력 있는 임원 몇 사람의 직감에 의해 의사 결정이 이뤄
진다. 그리고 대상 사업에 집착한 나머지 채산성이 낮음에도 불구하
고 그 안건을 채택한다. 이런 회사는 투자 안건에 대해 안일하게 생각
할뿐더러 투자에 실패할 경우 대책을 마련하는 데도 시간이 걸린다.
이유는 간단하다. 투자 단계에서 리스크에 대해 진지하게 논의하지
않거나 충분히 평가하지 않을 뿐 아니라, 투자 후 필수적으로 행해야
할 모니터링이나 리스크 절감을 위한 노력도 그다지 중요하게 생각하
지 않고 대충 넘기기 때문이다. 애초에 투자를 통해 달성해야 할 이익
목표가 없는 탓에 아무도 결과가 나쁘다고 여기지 않는 것이다.

그러다 점점 적자가 늘어나면 그 사업은 어느 순간 설대 선느리번

안 되는 혹 같은 존재가 되고 만다. 더 이상 손쓸 수 없게 되는 것이다. 대표이사 주도로 성급하게 결정한 해외 기업과의 합병 사례에서 이런 일이 자주 발생한다. 그중에는 직감에 의존해 회사를 급성장시킨 경영자도 있는데, 그들 대부분은 창업 사장이다.

예상 실적을 반복적으로 하향 조정

상장회사의 경우 애초에 공표한 예상 매출액과 영업이익 등이 현실과 크게 차이 날 것이 확실해지면, 그 시점에 예상 실적을 지체 없이 수정해야 한다. 실적 하향 조정은 초기에 예상한 실적이 경영 환경을 충분히 반영하지 않았을 때 발생한다. 미래 사업의 리스크를 포함하지 않거나 경영관리 기능을 갖추지 않은 상태에서 경영진이 아무 생각 없이 예상 실적을 잡는 경우 이런 일이 일어난다. 실적 전망이 불확실한 탓에 하락 폭이 일정하지 않아 부득이하게 하향 조정을 해야 하는 것이다. 숫자를 제대로 활용할 줄 모르는 회사는 이렇게 예상 실적을 반복적으로 하향 조정해 투자가의 신뢰를 떨어뜨린다.

사업 평가 지표 미비

이런 회사는 '각 사업을 어떤 기준으로 평가해야 하는가?', '사업 책임자를 어떤 지표로 평가해야 하는가?'라는 사업 평가(모니터링) 지표가 있더라도 그 기준이 엄격하지 않다. 따라서 사업 평가를 하더라도 효과가 없다. 기업 그룹으로서 사업을 평가하는 통일된 규칙이 없기 때문에 오히려 채산성 낮은 사업이 오랫동안 살아남는다. 채산성 낮은 사업부는 본사에서 관리하는 공통비를 배분하거나 사내 거래 가격을 조정하는 등 사내 정치에 힘을 쏟아 형식적으로 꾸며서라도 실적을 쌓으려고 한다. 그 결과 원래의 수익성이 어느 정도나 되는지 확인할 수 없게 된다. 이런 식으로 조정을 반복한 결과 엉뚱한 관리회계 수치가 도출돼서 재무회계 수치와 점점 차이가 나게 된다.

특히 여러 번 조정을 거듭하는 관리회계 측면에서는 이익을 기록하지만 회계기준을 따르는 재무회계 측면에서는 적자를 계상하는 회사는 주의해야 한다. 이런 회사는 실제 사업은 적자인데, 숫자를 왜곡한 결과 현장에서는 흑자라고 오인하게 된다. 적자라는 사실을 조직 안에서 공유하지 않는 탓에 긴장감이 없고, 문제 해결을 위한 어떤 조치도 취하지 않는다. 그런 식으로 방치되다가 결국 치명적인 손실을 입게 된다. 숫자를 활용할 줄 모르는 회사는 이처럼 회사 스스로 직접 사내의 회계 정보 인프라를 파괴한다는 것이 특징이다.

이런 회사들은 대체로 회계라는 공통적인 가치관이 회사 내에 깊이 스며들지 않아서 사내에서 의견이 일치하기까지 시간이 걸리거나 회계 수치를 잘못 활용해 의사 결정의 정밀도가 낮다.

그래도 시장이 고도로 성장하는 상황에서는 자금을 확보해 투자를 계속하는 한 크게 실패하지는 않는다. 하지만 시장성장률이 둔화되거나 외무 환경이 격변하는 까나로운 성영 환성에서는 문세가 드러난다.

비행기로 치면 연료가 얼마 남지 않아 추진력이 떨어지는 와중에 난기류를 만나는 것과 같다. 이때 판단을 잘못하면 추락할 수도 있기 때문에 계기판의 여러 정보를 계속 확인해가며 신중하게 조종해야 한다.

'선택과 집중' 전략을 통해 채산성 낮은 사업을 떼어내려 해도 사내에서 해당 사업에 대한 의견이 일치하려면 꽤 많은 시간과 사전 교섭 과정이 필요하다. 본사 경영진 중에는 적자가 계속 증가한다는 사실을 알고도 해당 사업부와의 관계를 끊지 못해 냉정하게 의사 결정을 하지 못하는 경우도 있다. 그러는 동안에도 시시각각 경영 환경은 달라지고, 겨우겨우 의사 결정을 하더라도 결정하기까지 시간이 너무 많이 걸린 탓에 당초 계획한 만큼 효과가 나오지 않는다. 결국 채산성 낮은 사업에 휘둘려 기업의 전체 가치가 심하게 손상되고 만다. 경영 환경이 악화되면 수비 경영으로 신속하게 전환해야 하는데, 그 타이밍을 놓치는 것이다.

주주에게서 직접 자금을 조달하는 방식이라면 경영자는 주주의 이익을 최대화하기 위해 애써야 한다. 경영 환경이 악화된 경우에는 채산성 낮은 사업에서 한시라도 빨리 빠져나와 출혈을 막는 것이 경영자에게 주어진 의무다. 제너럴일렉트릭(GE)의 전 회장 잭 웰치는 일찍이 '중성자탄'이라는 악명 높은 별명으로 불렸고, 닛산의 카를로스 곤은 '코스트 커터(cost cutter)'라고 불렸는데, 그 정도로 정리해고 수완이 뛰어났다. 이처럼 불필요한 요소들을 과감하게 정리하는 것도 때로는 경영자의 선택지 중 하나다.

반대로 오랫동안 은행을 통해 자금을 조달해 왔던 회사의 경우, 주

주의 이익을 먼저 생각하거나 경영의 합리화를 추구하며 그 결과에
대해 책임질 일이 거의 없었다. 경영 능력을 평가받을 기회가 적었던
만큼 주주들과 경영자 사이에서 이해(利害)를 조정하는 회계를 중요
하게 여기지 않았던 것이다.

중요한 의사 결정 가이드, 관리회계와 재무회계

회계 분야는 크게 관리회계(Managerial Accounting)와 재무회계(Financial Accounting)로 구분한다.

　재무회계란, 회사의 재정 상태나 경영 성적 등 회사의 실적을 일정한 법 규제와 보고 양식에 맞춰 사외 투자가 및 채권자 등 이해관계자에게 보고하는 영역의 회계다. 구체적으로는 회사법을 근거로 하는 계산 서류나 상장회사의 재무제표를 작성하기 위해 '일반적으로 공정·타당하다고 인정되는 회계기준'의 바람직한 형태와 현상의 문제점 등을 연구 대상으로 한다.

　한편 관리회계란, 주로 경영자와 사업 책임자가 의사 결정을 위해 회사의 현황을 회계적으로 알고 정밀하게 분석하는 영역을 말한다. 여기서는 사업 포트폴리오 결정부터 사업 평가 지표 책정, 투자 안건의 적합성 여부 판단, CVP[Cost(비용), Volume(매출, 조업도), Profit(이익)의 관계] 분석, ABC(Activity Based Cost, 활동기준원가계산) 등 회사가 합리적으로 의사 결정을 하는 데 필요한 회계 기법과 기술 등을 연구 대상으로 한다.

학술적으로도 재무회계와 관리회계는 명확하게 구분해서 연구한다. 그러나 대학에 오랫동안 몸담아 온 필자조차도 재무회계와 관리회계 두 분야를 모두 연구 대상으로 삼는 학자는 아직까지 본 적이 없다.

하지만 기업 경영 실무에서는 재무회계와 관리회계가 불가분의 관계에 있다. 적어도 관리회계의 목적, 즉 회사가 합리적인 의사 결정을 하려면 재무회계 정보가 반드시 필요하다.

회사의 목적은 일반적으로 재무회계에서 계상되는 이익을 최대화하는 것으로, 이를 위해 관리회계를 바탕으로 최적의 경영전략을 세운다. 예를 들어 어떤 투자 안건의 적합성을 논의할 때 안건에서 얻게 되는 미래의 현금흐름을 얼마로 예상하는지, 자금 조달에 필요한 자본비용은 몇 퍼센트로 잡을지 등은 관리회계의 영역이다. 그러나 동시에 경영자가 의사 결정을 할 때 그 투자 안건이 재무회계(손익계산서)에서 언제, 얼마나 되는 이익으로 이어지는지는 매우 중요한 판단 근거다. 따라서 관리회계에게 재무회계란 관리회계의 정밀도를 높이기 위해 반드시 필요한 객관적인 정보이며, 재무회계에게 관리회계란 재무회계에 의해 판명된 사업 현황이나 비정상적인 상황을 보고하고, 분석·개선하도록 촉구하는 영역이다.

그런데 앞에서 말한 것처럼 실제 현상에서는 재무회계와 관리회계를 담당하는 부서 간에 정보가 적절하게 공유되지 않는 경우가 허다하다. 이를테면, 일반적으로 재무회계는 경리 부서에서 담당하고, 전략과 관계된 관리회계는 전략 부서에서 담당하는데, 이 두 부서 간에 회계 수치나 전략계획에 관한 자료 공유가 충분히 이뤄지지 않은 상태에서 결산 발표에 이르는 것이다. 그 결과 전략 부서가 작성한 자료에는 투자 안건을 실행했을 때 재무회계에 어떤 영향이 미치게 되는지가 누락되고, 평소 경영관리에서 얻은 회계 수치가 전략 책정에 충분히 활용되지 못하기도 한다. 그 주된 이유는 기업 내에 회계 마인드가 부족하다는 데 있다. 무엇보다 재무회계를 경영전략에 활용할 때의 이점, 또 재무회계를 바탕으로 전략을 객관적으로 평가할 때의 장점에 대해 경영진은 물론 일선의 팀장들이 충분히 이해하지 못하는 것이다.

도표 4 | 의사 결정에 필요한 회계 정보

의사 결정 내용	관리회계	재무회계
투자 판단	미래현금흐름 추정치, 현재가치에 대한 할인	투자가 손익계산서에 미치는 영향
사업 철수	사업을 지속한 경우의 현금 지출	사업 철수가 손익계산서에 미치는 영향
M&A를 통한 매수	기업가치평가, 기업 실사	연결결산에 대한 영향, 영업권(브랜드 가치)의 회계 처리

성과를 내고 싶다면
회계 마인드로 똘똘 뭉치라

여기서 잠깐 회계와 전략을 연결하는 CFO의 직무에 대해 살펴보자.

우선 가장 기본적인 업무는 경리 결산 업무, 월별 결산과 예산관리, 관계회사 관리 등의 '경리' 업무다. 여기서 생산되는 자료는 회사의 이해관계자에게 설명 책임을 이행하기 위한 근거가 된다. 그뿐 아니라 경리 업무는 회계 마인드를 통해 전략을 구상하도록 돕는 자료를 생산하는 매우 중요한 업무다.

이를 이어받아 '재무' 업무를 수행한다. 여기서는 기업 그룹의 자금 조달을 계획·관리하고, 일상적인 입출금 업무를 차질 없이 수행한다. 은행에서 자금을 조달하는 회사의 경우에는 자금 조달 시 금융기관 등 자금을 빌려주는 쪽에 회사의 현황, 회사의 비전을 적극적으로 알리는 것이 가장 중요하다. 그래야 회사의 상태성을 긍정석으로 평가해 자금을 빌려주기 때문이다. 따라서 재무 업무는 회사의 경리, 결산 자료를 확실하게 알아야 할 수 있다.

또한 내부통제제도(회사의 투명성과 책임성을 제고하고 경영 활동을 효과적으로 통제하기 위한 제도로, 현재 한국은 내부통제제도를 법으로 규정하고 있다)가 법으로 규정된 나라의 경우, CFO는 경영자 밑에서 업무기술서와 RCM(Risk Control Matrix, 위험 통제 매트릭스)을 작성해 회사의 재무 정보에 신뢰성을 부여하는 내부 통제의 책무를 맡게 된다. 이러한 내부통제제도는 경리 부서에서 작성하는 자료의 신뢰성을 뒷받침한다.

경리, 재무, 내부통제 정보를 일괄적으로 관리·공유해 각 업무 간에 시너지가 나면 경영전략 구상 시 유익하게 쓰일 정보를 얻을 수 있다. 이는 기업에 매우 중요한 정보로, 고부가가치를 창출하는 일이다.

수립한 전략에 따라 전략·경리·재무 부서에서 필요한 정보와 인재를 동원해 전략 부서의 문제 해결 관점, 경리 부서의 재무회계 관점, 재무 부서의 금융 업무 관점에서 경영전략의 성공 여부를 검토한다. 그렇게 해서 완성된 전략안은 다방면에서 장단점과 대응책을 검토해 완성도를 높인다.

이를 위해서는 먼저 전략·경리·재무 부서 사이에 존재하는 벽을 허물고 정보를 공유해 부서 간에 협업이 원활하게 이뤄지도록 해야 한다. 그러나 온갖 이유로 부서와 부서 사이에 높은 장벽이 존재하고, 그로 인해 정보가 서로 공유되지 않는 회사가 많다.

여기에는 두 가지 이유가 있다.

첫째, 경리, 결산 업무에서는 어느 정도 비밀이 지켜져야 하기 때문이다. 결산보고를 앞둔 상장회사는 곳곳에서 내부자 정보가 나돌게 되는데, 이 때문에 경리 부서에서는 비밀 유지 문제로 고심한다. 이런 이유로 경리 부서는 기본적으로 정보 공유를 부서 내로 한정하고, 외부에 적극적으로 드러내면 안 된다고 교육한다. 그런 경리 부서에서 수익 악화에 관한 정확한 정보를 전략 부서에 제공할 리 없는 것이다.

둘째, 경리 부서나 재무 부서 등의 관리 부서와 전략 부서 사이에 인재 교류가 뜸하기 때문이다. 특히 관리 부서 사람들은 부서 이동을 하지 않는 것을 관례로 여기는 회사가 많다. 경리와 재무는 완벽할 정도의 정확성이 요구되는 전문적인 직무다. 그래서 내버려두면 신뢰할 수 있는 사람에게 일이 점점 몰리고 부서 안에서도 협업이 잘 이뤄지지 않게 된다. 각자 맡은 업무가 따로 있고, 그 일을 마감 날까지 마무리하는 방식이다. 그렇게 하다 보면 점점 자신의 속도와 순서에 맞춰 일하는 데 익숙해져 차츰 교류가 더 줄어든다. 보통은 같은 직무를 오랫동안 수행하게 되면 나이, 직위가 올라감에 따라 커뮤니케이션 능력이나 문제 해결 능력 등도 자연스럽게 길러지는데, 관리 부서의 경우는 10년을 일하더라도 이런 능력이 자라지 않는다. 회사에 꼭 필요한 전략을 놓고 다른 부서와 치열하게 논쟁할 줄 모르는 단순한 인재가 되고 만다.

이때 회사는 미래의 경영 인재를 육성한다는 관점에서 재무회계 업무를 웬만큼 습득해 결산을 할 수 있게 된 인재에게는 금융 업무나 전략 업무를 경험할 기회를 줘야 한다. 그동안 차곡차곡 쌓아 온 재무회계 지식과 회계 마인드를 전략 부서의 경영전략 업무에 반영하면 이루 말할 수 없이 큰 부가가치를 창출하게 될 것이다.

과거에는 CFO라는 명칭이 없었고 경리, 결산, 세무 신고 업무가 회계의 주요 역할이었는데, 지금은 기존의 회계 업무에 재무, 내부통제, 전략 수립 업무까지 CFO가 총괄하는 것이 효율적이다.

투자만 하면 수익을 얻을 수 있었던 고도성장기에는 안정적인 자금을 바탕으로 가속 페달만 똑바로 계속 밟으면 됐다. 그러나 경제가 저성장기로 접어든 상황에서는 가속 페달과 브레이크 페달을 적절히 조작해가며 핸들을 꺾어야 한다. 이를 위해서는 강한 리더십을 토대로 경영전략을 구축해야 하는데, 이때 경리와 재무 업무를 통해 얻은 정보를 활용해 모든 부서가 힘을 합쳐 문제를 해결하기 위한 시스템을 갖출 필요가 있다.

이 책의
구성 방식

관리회계를 경영전략에 활용하는 최선의 길

관리회계와 재무회계를 체계적으로 습득하더라도 경영전략에 어떻게 적용해야 좋을지 모르겠다는 의견을 자주 듣는다.

도표 5는 이 책에서 설명하는 각 장의 개별 주제가 회사가 책정하는 중기 경영 계획이나 사업 전략과 어떤 관계에 있는지를 보여준다.

2장의 주제는 '중기 경영 계획 책정'이다. 회사는 조직 전체의 경영 목표와 경영 이념을 내걸고 이를 실현하기 위해 중기 경영 계획을 세운다. 그중 사업 포트폴리오를 최적화하여 기업 가치에 대한 생각이나 사업 전략의 요점 등을 분명히 한다. 그때 산하에 있는 각 사업을 어떤 기준으로 평가할 것인지를 명확히 해야 한다. 이는 주주에 대한 IR(Investor Relations, 투자자 대상 기업설명 활동)과 은행에 대한 설명 책임을 수행하는 데 있어서 핵심이 되는 내용이다. 2장에서는 '사업 포트폴리오를 책정하는 의의'와 함께 '각 사업을 어떤 기준으로 평가해야 하는가', 그리고 매출액, 이익률, 투자 효율, 현금흐름 등의 사업 평가 지표에 대해 생각한다.

3장의 주제는 'M&A 전략과 기업가치평가(Valuation)'다. 사업 포트폴리오를 책정한 결과 특정 사업 분야에 대한 투자를 강화하거나 반대로 사업을 매각해야 한다는 결론에 이른 경우, 이를 효율적으로 실현하는 수단으로 M&A를 고려할 수 있다.

M&A의 장점은 뭐니 뭐니 해도 '시간을 산다'는 점이다. 어떤 회사든 새

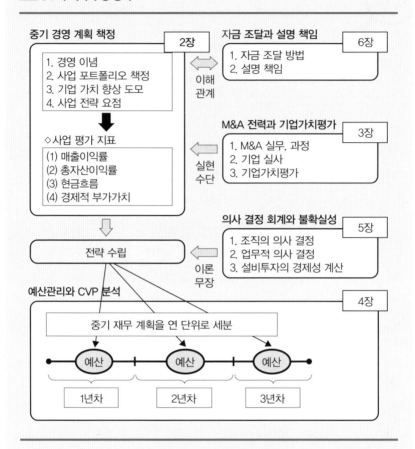

중기 경영 계획 책정 2장
1. 경영 이념
2. 사업 포트폴리오 책정
3. 기업 가치 향상 도모
4. 사업 전략 요점

◇사업 평가 지표
(1) 매출이익률
(2) 총자산이익률
(3) 현금흐름
(4) 경제적 부가가치

자금 조달과 설명 책임 6장
1. 자금 조달 방법
2. 설명 책임

이해 관계

M&A 전략과 기업가치평가 3장
1. M&A 실무, 과정
2. 기업 실사
3. 기업가치평가

실현 수단

의사 결정 회계와 불확실성 5장
1. 조직의 의사 결정
2. 업무적 의사 결정
3. 설비투자의 경제성 계산

전략 수립

이론 무장

예산관리와 CVP 분석 4장
중기 재무 계획을 연 단위로 세분
예산 예산 예산
1년차 2년차 3년차

로운 분야에 투자해 매출 0에서부터 시작하려고 하면 시간이 필요할 수밖에 없다. 그런데 시간적으로 여유가 없는 회사는 이미 해당 분야에서 실적을 낸 회사를 매수하면 조기에 투자금을 회수할 수 있다. 하지만 M&A 업무는 상대 회사와의 협상으로, 매수 대상 사업에 대한 실사, 기업가치평가 등 수많은 이슈가 복합적으로 얽혀 있다. 그중에서도 '사업을 얼마에 매매하느냐'를 결정하는 기업가치평가는 미래현금흐름 추정이나 동종 업계와의 계수 비교 등 회계 마인드가 있어야만 그 본질을 이해할 수 있다. 3장에서는 이 M&A 실무와 기업가치평가에 대해 생각한다.

4장에서는 '예산관리와 CVP 분석, BSC 기법'을 다룬다. 중기 경영 계획은 향후 약 3년간의 미래상을 나타내는데, 이를 실현하려면 사업 전략 수립을 통해 연 단위로 예산을 세분해야 한다. 또 산하에 있는 각 사업부에 전략을 적용해 현장에서 이 사업 전략을 행동 계획으로 실감하게 해야 한다. 각 사업부가 연 단위 예산을 달성하면 결과적으로 중기 경영 계획이 실현된다. 예산 제도는 이런 일상적인 이익 관리 기법으로 작동한다.

또한 특정 사업의 매출과 비용, 이익의 관계를 분석해 사업의 손익분기점을 명확히 하는 'CVP 분석'에 대해 다룬다. 그리고 회사의 성과를 측정하는 포괄적 측정 지표 중 하나인 'BSC' 기법에 대해 다루는데, 이는 재무적 지표뿐 아니라 고객, 내부 업무 프로세스, 학습과 성장 등 다양한 관점에서 종합적으로 평가해 실제 행동 계획과 연관시키는 기법이다.

5장은 '의사 결정 회계와 불확실성'이다. 중기 경영 계획을 실현하려면 각 사업마다 전략을 수립해 경쟁력을 높여야 한다. 예를 들어 '어떤 사업에서 생산 효율을 높이기 위해 많은 투자가 필요하다고 판단할 때 그 투자는 어느 정도의 미래현금흐름을 만들어내야 할까?' 이런 설비투자에 관한 전략 수립의 경우에는 미래의 불확실성을 근거로 투자의 경제성을 계산해야 한다. 또 '이미 주어진 경영 자원(인력이나 설비)을 효율적으로 활용하려면 어떤 점을 고려해야 할까?' 그 답을 얻기 위해서는 여러 대안들을 비교해 가장 효율적인 대안을 선택해야 한다.

6장은 '자금 조달과 설명 책임'이다. 자체적인 폐업 등을 제외하고 회사가 계속성을 상실하는 이유는 거의 모든 경우 자금이 부족해 법적 채무를 갚을 능력이 안 되기 때문이다. 자금은 회사의 혈액이라고 할 수 있다. 따라서 자금이 막힘없이 회전되도록 하는 것은 회사의 가장 중요한 업무다. 어떤 중기 경영 계획을 구상하더라도 자금 조달이 안 되면 계획한 투자를 단념해야 한다. 그렇기에 자금 조달은 회사의 경영전략에 큰 영향을 미친다. 6장에서는 회사가 자금을 조달할 때 중요한 설명 책임과 성장 단계에서의 자금 조달 방법에 대해 설명한다.

은행에서 환영받는
회사의 회계기준은?

H은행으로부터 Z사에 대한 조사를 의뢰받았을 때의 일이다. Z사는 창업한 지 7년 된 회사로, 네일 관련 제품이나 다트 등을 도매로 판매했다. 이 회사의 제품들은 유행을 타고 급성장했던 적도 있지만, 그 즈음에는 매출이 호황기의 5분의 1 수준까지 떨어졌다. 그리고 상품 판매 부진으로 실적이 뚝 떨어진 2년쯤 전부터 H은행에서 융자 받은 차입금을 갚지 못하고 있었다.

H은행은 어쩔 수 없이 차입금 변제 기한을 재조정하기로 했지만, 은행 내부에서 서류 하나 없이 기한을 재조정해 줄 리 없었다. 이에 차입금 변제 기일을 재조정하면 Z사가 변제할 수 있을지에 관해 확인해야 했기에 필자에게 조사를 의뢰했던 것이다.

조사가 시작되자 Z사와 특수관계를 맺고 있는 몇몇 회사가 표면으로 드러났다. '특수관계'란 쉽게 말해 서로 경제적 연관성이 있거나 경영 지배를 받는 경우 등을 말하는데, Z사와 특수관계를 맺고 있는 회사들은 서로의 주식을 상호 보유하고 있었고, 서로의 회사에 임원으로 등록돼 있었으며, 거래 관계를 유지하고 있었다.

필자는 먼저 Z사의 자본 관계를 파악하기 위해 설립 시점의 등기신청서류를 추적했다. 그런 다음 Z사의 A 사장과 인터뷰를 진행했다. A 사장이 임원을 겸하고 있는 타 회사와 출자한 회사에 대해 물은 후 그 회사들과 Z사 사이에 거래가 있었는지, 만약 거래가 있었다면 그 거래가 현실성이 있는 거래였는지를 검증했다.

표면으로 드러난 X사, Y사의 등기부등본을 떼서 이력을 확인해 보니 A 사장이 사실을 정확하게 말하지 않았다는 것을 알 수 있었다. Z사와 X사, Y사 사이에는 계약서가 하나도 존재하지 않았고 청구서도 지나치게 깨끗해서 실제로 거래가 있었다고는 보이지 않았다. 실제로 거래를 했다면 주고받은 계약서나 견적서는 물론, 가격 협상의 흔적 등이 사내에 여기저기 흩어져 있었을 것이다. 하지만 그런 증거 자료가 하나도 없는 데다 당시의 담당자는 이미 퇴사하고 없었다. 그리고 X사, Y사, Z사의 사장과 임원은 고등학교 선후배 관계였다.

거기까지 조사한 필자는 일단 조사를 중단했다. 감이 딱 왔던 것이다. 이런 사례는 그 전에도 여러 차례 본 적이 있었다. 필자는 조사를 멈추고 H은행에 그때까지의 상황을 보고했다.

거래 관련 증빙 자료가 남아 있지 않은 것은 당연했다. 처음부터 그곳에서 아무 사업도 하지 않았기 때문이다. Z사에는 은행에서 융자를 얻기 위한 조작의 잔해만 남아 있었다. Z사의 매출은 애초에 그들이 주장한 호황기의 5분의 1밖에 안 됐던 것이다.

이렇게 여러 회사가 관여해 은행에서 융자를 받을 경우, 먼저 주위 회사가 협력해 한 회사에 매출을 몰아준다. 어디까지나 전표와 외관상의 자금 이동이며, 실제 물품이나 서비스가 거래되는가는 별로 중요하지 않다. 은행은 거기까지는 조사하지 않기 때문이다. 최소한의 매출액을 정해 해당 회사가 은행으로부터 융자를 받는 데 성공하면 이어서 다음 회사를 같은 방식으로 돕는다. 그런 식으로 각 회사가 차례대로 융자를 받는 것이다. 첫 번째 회사의 융자금을 지렛대 삼아서 말이다. 이때 이들은 금융기관을 속이기 위해 절대 같은 금융기관을 이용하지 않는다.

그때까지 수집한 자료와 판단의 근거를 보고받은 H은행의 담당자는 얼굴이 파랗게 질려서 결국 조사 보고를 취소했다. 당연한 일이다. 거래 은행 입장에서 보면 과거의 불찰을 다시 문제 삼아 봤자 좋을 게 전혀 없기 때문이다. 융자를 받은 회사가 사업에 진지하게 임한 결과 돈을 떼이게 되면 손실로 처리하면 된다. 그러나 작정하고 속임수를 쓴 회사에 당했다고 하면, 그 문제는 쉽게 끝나지 않는다. 은행의 준법감시 경영 관점에서 사전에 철저히 조사하지 않은 탓에 사기꾼에게 당했다고 하는 것은 은행에 더 큰 손해만 가져올 것이기 때문이다.

게다가 A 사장도 보통내기는 아니었다. 결정적인 증거를 은폐했기 때문에 은행을 상대로 사기를 쳤다는 것을 증명하기도 쉽지 않았다. 회계 전문가가 아무리 조사를 하더라도 결국 눈 뜨고 당할 수밖에 없다.

이런 회사는 은행에서 돈을 융자해 성과에 맞지 않는 많은 돈을 임원 보수로 주고 흥청망청 사용한다. 몇 년 후 변제 기일이 다가오고 은행에서 빚 독촉을 하지만, 은행이 나서서 거래 회사를 망하게 하고 경영자에게 연대보증 책임을 물을까? 이런 회사의 경영자는 그런 일은 일어나지 않는다는 것을 알고 있거나 그래도 상관없다고 생각한다.

예전에는 금융기관에서 이처럼 이해하기 어려운 융자를 해주는 사례가 꽤 많았다. 그러나 지금은 그 반작용인지 금융기관을 상대로 한 융자 사기에 대한 경각심이 매우 높아졌다. 융자 조건에 부합해야 하는 것은 물론, 필요한 서류를 필히 제출해야 하며, 여신 여부를 은행원의 재량에 맡기는 경우도 거의 없다.

그렇다면 이제 여신 여부는 어떻게 결정할까? 요즘은 여신 관리 소프트웨어에 의해 여신 여부가 결정된다. 융자를 신청한 회사의 대차대조표와 손익계산의 숫자를 입력하면 여신 관리 프로그램이 대상 회사의 평점을 알려준다. 지점이나 은행원의 재량에 의한 융자를 없애고 여신 관리 시스템을 도입해 모든 지점에 공통적으로 적용하는 것이다.

2011년, 국제회계기준위원회(IASB: International Accounting Standards Board)가 공표한 국제회계기준(IFRS: International Financial Reporting Standards)이 도입된 후 회계기준은 점점 고도화되고 있고, 금융기관에서도 결산서를 제대로 읽고 이해하는 것은 이제 수준 높은 전문 직무 능력이 되었다. 융자의 품질을 관리하는 은행 입장에서는 은행원 개개인의 능력보다 소프트웨어를 이용해 일률적으로 관리하는 것이 더 효율적이라고 판단하는 분위기다. 시대가 변한 만큼 자금이 필요한 회사에서도 은행에 제공할 회계 관련 숫자를 건전하게 관리하기 위해 애써야 할 것이다.

2장

팀장이 숫자를 알아야 하는 이유 "사업의 성패가 숫자에 달려 있기 때문"

회사에서 가장 중요한 의사 결정은 무엇일까? 바로 '어느 사업 분야에 투자할 것인가', 즉 '사업 포트폴리오를 어떻게 짤 것인가' 하는 것이다.

과학기술의 발달은 혁신을 가속화하고 그와 동시에 제품의 라이프 사이클을 급속도로 단축시켰다. 이 때문에 현대의 회사는 사업 확대와 위험 분산을 노리고 다양한 사업 분야에 투자한다. 그런데 이렇게 사업의 다각화가 이뤄지면 기업 본사는 사업을 계속 모니터링하고 그룹 전체에 적용할 수 있는 시스템을 구축해야 한다. 이때 사업을 어떤 지표로 평가하느냐가 중요해진다. 2장에서는 '사업 포트폴리오 전략과 사업 평가 지표'에 대해 알아본다. 그 과정에서 팀장의 역할은 무엇인지에 대해서도 함께 다룬다.

왜 파나소닉은 2조 원의 공장을 2년 만에 멈췄을까?

일본 효고현 남부의 공업 도시 아마가사키에는 파나소닉이 예전에 보유했던 플라스마 디스플레이패널 공장이 있다.

여기에는 총 세 개의 공장이 있는데, 2005년 9월에 가동을 시작한 1공장(투자액 950억 엔, 한화로 약 1조 830억 원), 2007년 6월에 가동을 시작한 2공장(투자액 1,800억 엔, 한화로 약 2조 520억 원), 그리고 2011년 10월에 2,100억 엔(약 2조 3,940억 원)을 투자해 건설했으나, 가동한 지불과 2년 만에 생산을 중단한 비운의 3공장까지 그 규모가 어마어마하다. 세 공장 모두 파나소닉이 일명 '벽걸이 텔레비전'이라고 불리는 플라스마 텔레비전 시장에서 세계 최고의 시장점유율을 자랑하던 시절, 24시간 가동을 목표로 건설했다.

하지만 2011년 4월부터 2012년 3월까지의 회계 결산 결과 파나소닉의 대차대조표에는 이미 아마가사키 공장 자산의 대부분이 남아 있지 않았고, 7,712억 엔(약 8조 7,920억 원)의 당기순손실을 계상했다. 그중 텔레비전 사업이 소속된 'AVC 네트웍스' 부문에서 2,121억 엔(약 2조 4,180억 원)을 장기성 자산의 감손 손실(고정자산 중 미래의 자금 확보 능력이 낮은 탓에 발생할 것으로 보이는 특별손실)로 처리했다. 대부분이 아마가사키 공장 건물, 기계 설비, 무형 고정자산이었다.

특히 3공장은 처음 가동 당시 세계 최대의 플라스마 디스플레이패널 생산 능력을 자랑했다. 그러나 100퍼센트 가동한 적이 한 번도 없고, 2011년 4월부터 2012년 3월까지의 회계 결산 결과 감손 처리 대상이 되어 너무나도 짧게 그 역할을 마쳐야 했다.

당초 파나소닉은 전 세계 플라스마 텔레비전 시장에서 시장점유율 40퍼센트 달성을 목표로 잡았다. 그뿐 아니라 액정 텔레비전에 비해 플라스마 텔레비전의 우위성이 오래 지속될 것으로 예측했는데, 그것은 큰 오산이었다. 이 회사가 플라스마 텔레비전에 중점을 둔 것은 당초 플라스마 디스플레이패널이 화질 면에서 액정 패널보다 뛰어나며, 대형 텔레비전 생산에 플라스마 디스플레이패널이 더 적합하다고 판단했기 때문이다.

하지만 그 후 경쟁 회사들이 액정 패널에 적극적으로 투자해 플라스마 패널에 뒤지지 않는 대형 액정 텔레비전을 생산하기에 이른다. 그 결과 플라스마 패널은 소비 전력과 제품 수명 면에서 액정 패널보다 뒤떨어져 그 경쟁력을 잃고 말았다. 2005년 파나소닉은 액정 텔레비전을 포함해 슬림형 텔레비전 시장에서 삼성전사와 성생해 선선했다. 그런데 2010년에는 점유율이 삼성전자의 절반에도 미치지 않는 약 8퍼센트대로 줄었다. 또 '1달러=80엔'대라는 전례 없는 엔고(円高) 현상으로 인해 이익이 대폭 줄면서 어처구니없게도 일본 내 생산 시스템에 대해 재검토할 수밖에 없었다.

총 투자액 5천억 엔(약 5조 7,000억 원)에 달했던 이 플라스마 디스플레이패널 공장은 2011년 4월부터 2012년 3월까지의 회계기간에 3공장을 약 1천억 엔(약 1조 1,140억 원) 감손 처리하며 생산을 멈췄다. 1공장은 생산을 축소하고 태양 전지 생산 거점으로 전환하려고 계획했지만, 이 또한 좌절되었다. 결국 2공장만 가동하게 됐으며, 이후 이 회사는 플라스마 디스플레이패널 생산을 크게 축소했다.

파나소닉이 아마가사키 공장에 거액을 투자했지만 결실을 맺지 못한 이유는 투자해야 할 사업 영역과 그 규모를 잘못 파악했고, 투자 후 환경 적응에 게을렀기 때문이다. 또 이 공장에 투자하던 초기에 이미 플라스마 텔레비전으로는 경쟁하기 어렵다는 사실을 알았지만 설비투자가 한창 진행되고 있었기 때문에 상황을 재검토해 방침을 전환하자는 의견을 낼 용기를 내지 못했다. 그러다 공장의 조업도가 오르지 않고 감사법인이 고액의 고정자산 감손을 강요하자 그제야 판단을 잘못한 것을 인정했다.

만약 당시 경영진이 세계 시장점유율 40퍼센트를 고집하지 않고, 투자 후의 시장 상황에 따라 플랜 A(목표를 웃도는 낙관적인 가정), 플랜 B(목표를 그대로 따르는 중립적인 가정), 플랜 C(예상을 밑도는 비관적인 가정)를 준비해 플랜별로 조건에 맞는 행동 계획을 마련했더라면 이렇게까지 큰 손실을 입지는 않았을 것이다.

회사는 투자 후에도 시장과 경쟁 업체, 기술 동향을 주의 깊게 모니터링하며 환경이 변화하는 데 따라 운영 방침을 유연하게 조정해야 한다. 원래 모든 사업 정보를 취합해 '전체 최적'의 관점에서 의사 결정을 해야 하는 경영진이 불합리한 점이 있는데도 그 사실을 인정하지 않고 당초의 계획을 맹신하고 계속 사업을 밀어붙이면 위험은 제어 불가능한 상태로 증폭된다. 그 결과 파나소닉은 2,100억 엔(약 2조 3,940억 원)을 투자한 최신식 공장을 불과 2년 만에 멈추는 돌이킬 수 없는 상황을 맞이하게 되었다.

이렇게 중요한 투자 적절성에 관한 판단을 최전선에서 싸우는 사업부에서 할 거라고 기대하기는 어렵다. 그들은 당시 플라스마 텔레비전이 가장 아름다운 화질을 구현한다고 믿고 세계 시장점유율 40퍼센트를 달성하기 위해 날마다 고군분투했다. 현장에서 사업 목표에 의문을 갖는다는 것은 사업부의 무능함을 인정하는 것이나 다름없다. 그래서 아무리 계속 적자가 나는 사업일지라도 현장에서 먼저 투자에 대한 재검토나 철수에 대한 검토를 요청하는 경우는 없다.

그런 판단은 현장이 아니라 경영진이 해야 할 일이다. 회사 전체가 나아가야 할 사업 영역을 선정하고, 투자 후 궤도를 적절히 수정해가는 것이야말로 사업부 뒤에서 상황을 객관적으로 판단할 수 있는 본사가 해야 할 일인 것이다. 잘못된 장기적인 전략적 의사 결정을 단기적인 전술로 뒤집기는 어려운 일이다.

도표 6은 파나소닉이 최종 연결 적자 7,721억 엔(약 8조 8,020억 원)을

계상한 2011년 4월부터 2012년 3월까지의 사업 포트폴리오 분포도
다. 가로축이 각 부문의 매출성장률(전기 대비), 세로축이 부문별 영업
이익률, 풍선의 크기가 영업이익(또는 손실)의 절대액을 나타낸다.

파나소닉 사업 포트폴리오의 주축은 이른바 백색 가전과 주택, 주
택설비 관련 에코 솔루션으로, 백색 가전은 815억 엔(약 9,300억 원)의
영업이익, 5.3퍼센트의 영업이익률을 계상했고, 에코 솔루션은 589억
엔(약 6,710억 원)의 영업이익, 3.9퍼센트의 영업이익률을 계상했다. 그
러나 이 두 사업 부문의 매출성장률은 계속 둔화되고 있는 추세로,
두 사업 모두 성숙기로 접어들었다. 따라서 향후에는 매출성장률이
6.8퍼센트인 자동차 관련 사업의 경쟁력을 높여 매출과 영업이익의
중심축으로 삼아야 한다.

한편 이미 매출성장률이 마이너스를 찍고 있는 사업도 있다. 그중
에서도 영업손실 679억 엔(약 7,740억 원)을 계상한 텔레비전 사업이
속한 AVC 네트웍스의 흑자 전환이 가장 큰 경영 과제라 하겠다. 이
부문의 매출성장률은 전기 대비 마이너스 20.6퍼센트에 달했는데, 이
점에서도 시장 환경이 급속하게 악화되어 사업을 유지하기가 어렵다
는 사실을 알 수 있다.

그 밖에 디바이스와 에너지 부문도 매출성장률, 영업이익이 모두
마이너스다. 성장률이 마이너스인 사업 분야에서 적자를 계상했기 때
문에 최대한 빨리 비용을 절감할 방법을 찾아 흑자로 전환하거나 사
업 축소, 매각 등을 고려해 손실을 최소화해야 한다.

이에 비해 시스템 커뮤니케이션 부문이나 기타 사업의 경우 매출

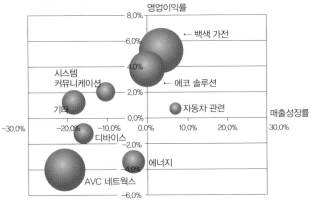

◇2011년 4월부터 2012년 3월까지의 회계 결산

부문	제품 분야
AVC 네트웍스	텔레비전, 리코더, 디지털카메라, 항공기용 AV 등
백색 가전	가사, 조리, 이미용, 건강식품, 에어컨
시스템 커뮤니케이션	시스템 네트워크, 모바일 통신
에코 솔루션	조명, 에너지 시스템, 하우징, 에코 시스템
자동차 관련	차량 탑재 멀티미디어 관련, 친환경 자동차 등
디바이스	전자 부품, 반도체, 광디바이스 등
에너지	태양광 발전 시스템, 리튬이온 전지
기타	헬스케어, 매뉴팩처링 S, 파나홈 등

(단위: 억 엔)

부문/항목	매출액	영업이익	영업이익률
AVC 네트웍스	17,135	−679	−4.0%
백색 가전	15,342	815	5.3%
시스템 커뮤니케이션	8,409	173	2.1%
에코 솔루션	15,258	589	3.9%
자동차 관련	6,532	49	0.8%
디바이스	14,046	−166	−1.2%
에너지	6,149	−209	−3.4%
기타	18,809	236	1.3%

주) 매출액 및 영업이익(손실)은 사업 부문 간 거래를 지우기 전이다.
출처: '유가증권보고서', 다니구치 사토시

성장률은 마이너스지만 꾸준히 영업이익을 내고 있다. 이는 사업 규모를 축소해 경영하고 있음을 의미하며, '잔존자 이익'을 누리고 있는 것이라고 볼 수 있다.

파나소닉은 2013년 3월 '신(新)중기 경영 계획'을 발표하며 앞으로는 성장 분야로 자동차, 항공기, 주택 산업용 사업에 집중하고 텔레비전 사업 등 적자 사업에서 벗어나는 것을 목표로 한다는 방침을 명확히 했다. 사업 부문으로 말하자면 자동차 관련 사업이나 에코 솔루션 등 시장이 한층 더 성장할 것으로 예상되는 분야나 파나소닉이 우위에 있는 사업에 경영 자원을 집중적으로 투입해 사업의 '선택과 집중'을 꾀한다는 방침이었다.

이렇게 파나소닉의 사업 포트폴리오를 분석하다 보면 저성장기에 사업 규모를 계속 유지·확대해 이익을 내는 것이 얼마나 어려운 경영 과제인지 알 수 있다. 회사가 결정한 사업 포트폴리오의 결과는 장기간에 걸쳐 회사의 실적을 크게 좌우한다. 일단 투자하기로 결정했다면, 그다음에는 실행에 옮겨 해당 사업에서 투자금을 회수해야 한다. 그런데 만약 투자금 회수가 어렵다면 손절매하고 철수하는 방법밖에 없다. 돌이킬 수 없는 의사 결정인 것이다. 그렇기에 회사는 사업 포트폴리오의 현재 상태를 수시로 재검토해 늘 최적화된 상태를 유지하도록 해야 한다.

경영전략의 정확도를 높이는 것도 '팀장의 일'

경영전략은 크게 전사 전략과 사업 전략으로 나눌 수 있는데, 사업 포트폴리오 책정은 모든 사업에 영향을 미친다는 점에서 전사 전략의 하나로 평가된다.

전사 전략이란, 회사가 그 경영 목표를 실현하기 위해 인재, 제품, 자금, 정보 등의 경영 자원을 여러 사업에 얼마나 배분할 것인지 등 회사 전체의 이익에 관한 전략을 말한다. 이런 전사 전략은 그룹 내의 모든 경영 정보가 집중되는 본사가 담당하며, 실무적으로는 모회사인 본사의 전략 부서나 지주회사가 전략을 수립한다.

이에 비해 사업 전략은 특정 사업에 관한 경쟁 전략으로, 특정 사업 분야 중 개발, 제조, 판매를 어떻게 최적화할지에 관한 전략을 짜는 것이다. 여기서는 주어진 경영 자원으로 '부분 최적'을 추구하는 사업 부서의 관점에서 전략을 수립한다. 실무적으로는 중소 규모의 설비투자나 개발 전략, 제조 전략, 영업 전략, 예산관리와 비용 절감 등 사업 경쟁력을 높여 경쟁 업체를 이기기 위한 시책이 여기 해당한다.

특정 사업 분야에서 경영 목표를 달성하기 위한 사업 전략은 회사나 사업부 내의 전략부에 권한이 위임되어야 한다. 사업의 최전선에서 고객과 만나고 제품을 만드는 것은 사업부이고, 또한 시기적절한 정보를 바탕으로 현장이 기동성 있게 의사 결정을 하지 못하면 고객의 요구에 신속하게 대응하지 못해 경쟁에서 이기기 어렵기 때문이다. 사소한 안건 하나를 결정하는 데도 시간이 오래 걸리는 회사는 지나치게 중앙집권적이고 엄격해서 권한 위임이 잘 이뤄지지 않는다. 직무에 대한 권한 규정이 지나치게 복잡하면 현장의 사소한 일을 결정하는 데도 수많은 회의를 거쳐야 해서 의사 결정 속도가 느려진다.

또한 사업부가 수립한 전략의 실행 및 예산 달성을 위한 행동은 해당 사업을 책임지는 부서나 과(課) 같은 보다 하부의 조직에서 이뤄진다.

이렇듯 대형화된 회사에서 경영 목표를 달성하기 위해서는 본사, 사업부, 과 등의 각 계층이 전략 업무를 적절히 분담할 필요가 있다. 즉, 기본적으로 어떤 일에 대해 의사 결정을 할 경우, 가장 필요한 정보가 많이 모이는 조직, 해당 업무의 팀장이 그것을 결정해야 한다. 이런 적당한 권한 위임이 의사 결정의 정확도를 결정한다고 해도 과언이 아니다.

회사 안으로 들어가 보면 임원이 출신 사업부의 이익만 주장하는 경우나 현장의 관리자가 일상 업무는 뒷전으로 미루고 전사 전략에 대해 이러쿵저러쿵 비판하는 경우를 종종 볼 수 있다. 이는 조직 내에서의 적절한 업무 분담에 대한 인식이 부족한 탓이며, 이런 일이 조직 전체에서 일어나기 시작하면 부분 최적만 추구하거나 지시만 기다리는 문화가 횡행해 회사는 통제하기 어려운 상황에 놓이게 된다.

임원은 회사 전체의 이익을 보고 의사 결정을 하고, 사업부의 책임자는 사업의 경쟁 우위를 최우선으로 생각하고 의사 결정을 하면 된다. 중기 경영 계획을 발표할 때 경영 조직을 재편하는 회사를 자주 보는데, 이는 조직에 맞는 권한 위임이 잘 되지 않는 회사의 전형적인 특징이다. 이처럼 본사가 사업부와 심정적으로 너무 가까워서 채산성 낮은 사업에서 철수할 것을 제안하기 어려운 경우라면, 지주회사를 설립해 사업부와 거리를 유지하고 지주회사가 사업성을 냉정하게 판단하는 시스템을 만들어야 한다.

반대로 기업 중앙의 권한이 지나치게 강한 경우에는 사업부제를 부활시켜 더 많은 권한을 사업부에 부여하면 본사와 사업부의 거리를 좁힐 수 있다. 또 사업부 간에 벽이 너무 높아져서 파벌주의의 폐해가 심한 경우에는 CFT를 만들어 직무 기능별 합리화를 도모할 수 있다.

중기 경영 계획에 지주회사화와 사업부제의 부활, CFT 설립 등을 포함하는 것은 전략을 분담하는 데 가장 적합한 기업지배구조를 모색한 결과다.

회사의 최상위 조직에서부터 하부의 사업부에 이르기까지 각 계층이 어떤 정보를 토대로 무엇을 결정하고, 그 결과를 누가 책임지는가? 경영 전략의 성확노를 높이기 위해서는 이를 명확하게 명시힐 필요가 있다.

뻔한 팀장이 되지 않으려면 경영 계획에 주목

많은 상장회사가 중기 경영 계획을 발표한다. 이 중기 경영 계획은 회사가 향후 목표로 하는 미래상과 그 실현 수단, 즉 전사 전략을 사내·외에 설명하는 중요한 자료가 된다.

원래 전사 전략은 회사 전체의 큰 경영 목표나 투자 분야를 결정하는 영역이기에 일정 기간이 지나야 그 성패를 알 수 있다. 전사 전략은 일반적으로 회사가 3년 단위로 책정하는 중기 경영 계획에서 나타난다.

최근 기업들은 5년 이상의 장기 경영 계획은 거의 수립하지 않고, 대부분 중기 경영 계획을 발표한다. 이는 기업을 둘러싼 경영 환경의 변화가 심해져서 장기적인 경영 계획을 세우기 어렵고, 억지로 장기 계획을 세워도 실현 가능성이 낮은 탓일 것이다. 환경이 급변하는 상황에서는 5년 후까지 내다볼 수가 없는 것이다. 그래서 현실적으로는 3년 정도의 중기 경영 계획이 경영자가 제시하는 회사의 가장 먼 미래상이다.

그렇다면 회사가 공표하는 중기 경영 계획에는 어떤 정보를 담아야 할까? 외부에서 중기 경영 계획을 보고 자사에 대해 판단할 수 있게 하려면 꼭 필요한 내용들이 있다. 최소한 다음의 내용은 꼭 들어가야 한다.

과거 실적 되돌아보기

중기 경영 계획을 수립하기 전 최근까지의 결산이 어떤 추이를 보였고, 과거의 중기 경영 계획은 달성했는가를 점검해봐야 한다. 달성하지 못했다면 어떤 원인 때문에 달성하지 못했는지 분석한 후 경영 과제를 정해야 한다. 과거 실적을 되돌아보는 것이다. 새로운 3년이 시작된다 해도 회사는 현재 회사의 연장선상에서 존재하게 된다. 회사의 '과거'와 '현재'를 똑바로 마주하지 못하는 미래 계획은 현실성이 없다. 가장 먼저 회사의 현재 상황을 정확하게 인식하는 데서부터 시작해야 하는 것이다. 이 시점에 과거의 실적을 있는 그대로 성실하게 마주하지 못하면 앞으로의 중기 경영 계획이 실현될 가능성은 매우 낮다고 볼 수 있다.

중기 3년 계획

먼저 회사의 존재 가치라고 할 수 있는 경영 이념과 회사가 지향하는 경영 목표를 명확히 한다. 이는 사회에서 느끼는 그 회사의 존재 가치라고도 할 수 있다. 회사는 법적으로 소유자의 것이지만, 상장하게 되면 이해관계자도 늘어나 해당 업계에 활기를 불어넣을 것이라는 기대, 직원의 행복 등 사회적인 역할에 대한 기대를 짊어지게 된다. 주주의 이익과 함께 회사가 생각하는 경영 이념과 경영 목표를 세상에 알리는 것은 그 회사가 사회적 책임을 다하겠다고 약속하는 것이나 다름없다.

그다음으로 경영전략을 계획하는데, 가장 먼저 사업 포트폴리오를 보여줘야 한다. '앞으로 3년 동안 어떤 사업 영역에 투자하고 이익을 낼 것인가'를 바탕으로 예상되는 투자액과 함께 그 사업 영역의 매력과 장래성을 알린다. 그때 자사 제품의 개발 로드맵 등을 제시해 기술과 시장의 친화성 등에 대해 설명한다.

또 주요 사업의 전략을 나타낸다. 여기서는 어디까지나 요점을 나타내며, 사업 전략의 세부 내용까지 알릴 필요는 없다. 중점 투자 분야, 비용 절감, R&D(연구개발) 강화 등 사업 전략의 기본적인 방향성을 제시한다.

또한 경영의 비효율성이나 폐해를 바로잡기 위해 경영 조직을 재편할 경우에는 그 개요를 나타낸다. 지주회사화와 CFT 설립, 사업 부문 통합 또는 분할 등이 여기에 해당한다.

그리고 사업 평가 지표를 명확히 한다. 이는 회사의 각 사업을 어떤 회계적 지표로 평가할 것인지에 대한 기준에 해당한다. 아무리 전략을 잘 세웠어도 그 효과를 측정하는 기준이 없으면 제대로 평가할수 없다. 회사가 어떤 지표를 중요시하는지는 사내·외의 이해관계자들에게 매우 중대한 관심사다. 매출액, 매출액수익률(ROS: Return On Sales), 총자산이익률(ROA: Return on Assets), 잉여현금흐름(FCF: Free Cash Flow), 경제적 부가가치(EVA®, 이하 ® 생략) 등의 사업 평가 지표에서 가장 적합하다고 생각하는 평가 기준을 선택한다.

도달 목표

마지막으로 3년 후에 도달할 회사의 숫자로 된 목표를 나타낸다. 이는 사업의 평가 지표와 같이 사후 평가를 위한 회계적 지표다. 경영자가 매출액, 이익률, 유이자 부채 감소 등 도달 목표를 대외적으로 제시하고 약속하면 중기 경영 계획은 마무리된다.

　회사의 목표를 실현하는 데 있어서 가장 중요한 역할을 하는 팀장에게도 중기 경영 계획은 당연히 매우 중요한 자료라 할 것이다.

기업의 컨디션 최적화를 위해 사업 포트폴리오 전략부터

다시 사업 포트폴리오 이야기로 되돌아가보자.

앞에서 말한 대로 사업 포트폴리오는 중기 경영 계획의 중심을 이룬다. 그러나 요즘은 기업의 핵심 사업이 무엇인지, 성장 분야는 무엇인지를 찾아내기 매우 힘든 시대다. 그렇기 때문에 회사가 보유한 경영 자원을 분석해 앞으로 어떤 사업 영역에 투자할 것인지 신중하게 논의해야 한다.

사업 포트폴리오 전략은 회사가 현재와 미래에 사업 활동을 벌일 영역을 선정해 그것들을 가장 적절하게 조합하는 것이다. 그런데 고도성장기처럼 제품의 라이프 사이클이 길 경우에는 다양한 분야로 사업을 다각화하고 위험을 분산시키더라도 얻을 수 있는 것이 별로 없다. 오히려 사업의 규모만 작아져 효율이 떨어질 우려가 있다.

그러나 기술의 발전은 혁신을 가속화하고 제품의 라이프 사이클을 단축시켰다. 게다가 성숙한 사회에서는 고객의 가치관이 다양하게 변화하기 쉽다. 이렇게 사업을 둘러싼 경영 환경이 급속하게 변화하는 상황에서는 단일 사업만 보유하면 위험에 쉽게 노출될 수 있다. 이런 환경에서 회사는 항상 기술 혁신의 속도와 고객의 기호 변화를 감안해 새로운 사업 분야를 개척할 것을 요구받게 된다.

하지만 현재 기업을 둘러싼 환경은 그 어느 때보다 가혹하다. 리먼 브라더스 사태 이후 세계 경기는 급격하게 축소, 침체되었다. 각국의 중앙은행이 시장에 자금을 대량으로 공급했지만 경기는 좀처럼 회복될 기미가 보이지 않는다. 제조업 분야의 경우 2000년대부터 중국 기업이 급부상하면서 가격, 물량 면에서 경쟁력을 확보하기도 쉽지 않다. 조직 내부를 살펴보면 노동시간의 단축으로 직원들은 이전만큼 일을 하지 않는다. 비정규직이 증가했고 직원의 회사에 대한 충성심도 줄어들었다. 경영 과제는 산더미처럼 쌓여 있지만 문제를 해결할 수 있는 경영 인재는 부족하다.

회사는 이런 외부 환경과 산업 동향, 회사 내 환경의 급격한 변화에 대응할 적절한 방법을 찾아야 하는 상황이다. 이런 환경에서 회사의 가치를 높이기 위해서는 환경 변화에 적응해 사업 내용을 기동력 있게 재검토해야 한다. 이제는 더 이상 한 가지 사업으로 10년 이상 먹고살 수 있는 시대가 아니다.

'선택과 집중'을 통해 중·장기 사업 중 비핵심 사업을 정리하고, 핵심 사업과 함께 새로운 사업 분야를 개척해 나가야 한다. 단일 사업을 고집하면 그 사업이 쇠퇴기로 접어들 경우 매출이 급락해 회사를 계속 유지하기가 어려워지기 때문이다.

따라서 회사가 중·장기적인 관점에서 사업 영역을 어떻게 조합하면 최적의 상태로 유지할 수 있을지 판단하는 것이 사업 포트폴리오 전략을 책정하는 목적이다.

사업 포트폴리오 전략은 다음과 같은 장점이 있다.

사업에 대한 최적의 자원 배분

사업 포트폴리오 전략을 이용하면 회사가 여러 사업 분야에 진출할 경우 현재 진출해 있는 사업이나 미래에 진출하려고 하는 사업 등에 경영 자원을 적절하게 배분할 수 있다. 인재, 설비, 자금 등 경영 자원은 한정되어 있다. 사업 포트폴리오 전략의 가장 큰 장점은 전사적 관점에서 중요성이 더 큰 사업에 경영 자원을 전략적으로 배분할 수 있게 돕는다는 것이다.

예를 들어, 자금에 한계가 있는 경우에는 투자 효율이 더 높은 사업에 자금을 투하하면 되고, 채산성 낮은 사업의 흑자화가 급선무인 경우에는 우수한 인재를 선발해 이들을 해당 사업 분야에 투입할 수 있다. 그러기 위해서는 기업 본사가 적극적으로 사업 정보를 수집해 이를 의도적으로 조정해야 경영 자원 배분을 최적화할 수 있다.

이 최적의 자원 배분은 '과거' 시점이 아니라 '미래' 시점에서 이뤄져야 한다. 어느 회사에나 과거의 인기에 힘입어 주목받는 사업이 있다. '지금 우리 회사가 존재하는 것은 ○○ 사업 덕분이다', '차기 사장은 ○○ 사업 부장이다'라고 인식되는 사업 말이다. 그러나 이런 과거의 시점은 버리고 미래의 성장 분야에 많은 자금과 우수한 인재, 생산성 높은 설비를 배분해야 한다. 그러나 과거에 인기 있었던 사업에 집착한 나머지 사업 포트폴리오를 재구축하지 못하는 회사가 지금도 수두룩하다.

사업 간 시너지 추구

현재 운영하는 사업과 시너지 효과를 누릴 수 있는 새로운 사업을 전개할 수 있다.

이를테면 소매업들은 날마다 고객을 직접 응대하기 때문에 고객 구매 동향에 밝다. 소매업과 그와 관련된 상품 개발 사업을 함께 하면 상품 개발 시 고객 구매 동향에 관한 정보를 활용할 수 있고, 자사 제품을 점포의 좋은 위치에 우선적으로 진열할 수 있어 자사 상품의 판매를 촉진할 수 있다. 또는 지역은 다르지만 같은 업종을 운영하는 회사끼리 합병해서 기본 시스템과 관리 부서를 공통화하면 시스템 개발비나 관리비를 절감할 수 있다.

이렇듯 자사 사업의 특성을 끊임없이 분석해 사업 간 시너지를 추구하면 동시에 여러 사업의 효율을 높일 수 있다.

사업을 여러 분야로 전개하는 데 따른 위험 분산

이것은 앞에서 말한 시너지 효과와는 정반대의 방법이다. 사업에는 라이프 사이클이 있어서 성장기로 접어든 사업은 성숙기를 거쳐 쇠퇴기로 접어들게 된다. 쇠퇴기에 있는 사업은 시장 규모가 축소되어 매출이 감소하게 되는데, 서로 비슷한 속성의 사업에만 진출하게 되면 라이프 사이클의 쇠퇴기가 겹쳐서 경영 성적의 변동성(volatility)이 매우 높아진다. 이를 방지하기 위해서는 B to C 사업, B to B 사업, 경기 변동 사업, R&D 사업 등 속성이 다른 사업 분야로 다각화함으로써 라이프 사이클의 기복을 평준화해 위험을 분산하는 것이 좋다.

요즘처럼 한 가지 사업 분야에서 오래도록 수익을 내는 게 어려운 환경에서는 성질이 서로 다른 사업 분야로 진출해 경영의 안정화를 꾀해야 한다.

채산성 낮은 사업에서 조기 철수 추진

사업 포트폴리오 중 채산성 낮은 사업이 있을 경우 또는 그 징후가 보이는 경우에는 사업 철수 기준을 명확히 해 채산성 낮은 사업에서 조기에 철수함으로써 기업 가치 훼손을 최소화할 수 있다.

그러나 오랫동안 적자가 이어진 사업이라도 현장에서 먼저 철수하자고 제안하는 일은 극히 드물다. 현장 책임자는 그동안 애착을 가지고 일궈온 사업에 장래성이 없다는 사실을 좀처럼 인정하지 못하고, 말을 꺼내지도 않는다. 이럴 때는 사업부와 거리를 둘 수 있는 본사에서 일정한 철수 기준에 따라 예외 없이 대처하면 해당 사업에 대한 미련이 많은 사업부와 본사와의 담합 없이 적자 사업을 조기에 정리할 수 있다.

회사에 '돈이 되는 나무' 찾기는 숫자를 알아야 가능

사업 포트폴리오를 관리하는 도구 중에서는 아마도 1970년대 보스턴 컨설팅 그룹이 개발한 PPM(Product Portfolio Management, 제품 포트폴리오 관리) 매트릭스가 가장 유명할 것이다. 이는 회사가 운영하는 사업을 '시장성장률'과 해당 사업 분야에서 자사의 '상대적 시장점유율'을 기준으로 평가해 문제 해결 방안을 명확히 하는 기법이다. 세로축에 해당 사업의 '시장성장률'이, 가로축에 자사의 '상대적 시장점유율'이 표시된 4분면으로 나뉜 매트릭스에 자사의 상황을 '고', '저'로 평가해 해당 위치를 표시하는 방식이다.

시장 전체의 성장률은 높지만 자사의 상대적 시장점유율이 낮은 '문제아'는 자사가 해당 시장에 뒤늦게 뛰어들었다는 것을 의미한다. 여기에 해당하는 회사라면 적극적으로 투자를 확대해 경쟁 업체를 따라잡을 것인가, 철수할 것인가를 판단해야 한다.

'문제아' 사업에 적극적으로 투자해서 시장성장률도 높아지고 자사의 상대적 시장점유율도 높아진 사업은 매력적인 사업 분야로, 그만큼 경쟁력이 높다는 것을 의미하며, 이 사업은 포트폴리오의 '스타'에 해당한다.

사업의 라이프 사이클이 성숙기에 이르러 시장성장률이 떨어졌는데도 자사의 시장점유율이 계속해서 높게 유지되는 사업 분야는 '돈이 되는 나무'다. 이것은 성장기 '스타'일 때 시장점유율을 유지하기 위해 투자를 계속할 필요가 있다. 그러다 성숙기로 접어들면 투자에 대한 부담이 줄어들고, 경쟁에 패한 경쟁 업체가 시장에서 철수하기 시작하므로 마지막까지 높은 시장점유율을 유지하고 있는 자사가 잔존자 이익을 누릴 수 있을 것이라는 예측이 가능하다.

'패배자'는 자사의 시장점유율이 낮고 시장성장률 또한 낮아진 사업으로, 자사가 해당 사업 분야에서 끝까지 존재감을 나타내지 못했으며, 그 사업은 적자가 나는 사업임을 의미한다.

일반적으로는 시장성장률이 높지만 자사의 시장점유율이 낮은 '문제아'를 어떻게든 '스타'로 육성하려고 맹렬하게 투자를 하곤 한다. 그 결과 경쟁에서 이겨 '스타'가 되고 결국 '돈이 되는 나무'가 되어 회사의 자금줄이 되는 경우도 있다. 그러나 반대로 경영전략을 잘못 세워 시장점유율이 낮은 상태에서 시장성장률까지 둔화되면 '패배자' 신세를 면하지 못하게 된다. 때문에 그 사업에서 빨리 철수해 자금 유출이 최소화되도록 해야 한다.

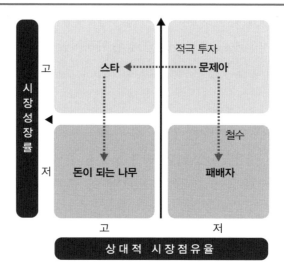

분류	시책
스타	시장에서 승리하여 '돈이 되는 나무'로
돈이 되는 나무	시장점유율 유지에 힘써 투자금 회수
문제아	적극적으로 투자해 '스타'로 양성할 것인지 확인
패배자	장래성이 부족해서 철수

제품의 라이프 사이클에 따라 필요한 회계적 사고가 다르다

PPM의 분류 기준 중 하나는 시장성장률인데, 회계 마인드를 경영에 관한 판단에 접목하는 과정에서도 라이프 사이클(시장성장률)은 유용한 힌트를 준다. 즉 사업의 창업기, 성장기, 성숙기, 쇠퇴기 중 어디에 속하는가에 따라 활용할 수 있는 회계 마인드와 도구가 다르다.

도표 8에서는 사업의 라이프 사이클과 현금흐름의 관계를 확인할 수 있다.

창업기

① 처음 사업에 진출하는 때다. 시장이 형성되기 시작하는 시기로, 이 때는 미래의 사업성을 평가해 사업 진출 여부를 판단한다. 이 단계에

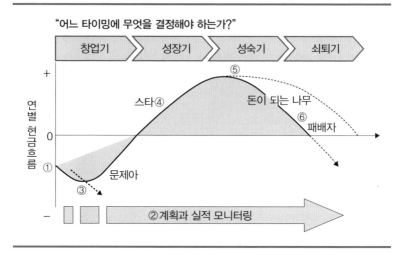

서는 중기 계획을 책정하고 사업 개발 예산을 얻어 사업에서 신속하게 흑자를 내기 위해 사업 운영에 필요한 인력, 설비, 정보 등 경영 자원에 자금을 투자하는 시기다.

② 사업 개발 예산이 확보되면 그때부터 중기 경영 계획에 따라 연단위로 예산관리를 시작한다. 중기 경영 계획을 세분해 연 단위로 예산 계획을 편성하고, 월별로 예산과 실적의 차이를 분석한다. 사업 시작 단계부터 지속적으로 사업 모니터링을 하는 것이다.

③ 사업 성장에 대한 기대는 높지만, 조직이 확대되고 유지관리비도 많아진다. 아직 매출은 궤도에 오르지 않았으나 현금 지출은 크게 늘어난다. 계속해서 해당 사업에서 살아남는 것을 목표로 하거나 경쟁이 치열할 경우에는 사업에서 철수해 조기에 손절매한다. 사업을

어중간하게 지속하면 현금 지출이 한없이 증가할 수도 있는 위험한 시기다.

이 시점에 설비투자를 계획할 경우에는 미래현금흐름을 어림잡아 에누리해서 현재가치를 산정하고, 투자 안건의 경제적 합리성을 객관적으로 판단해야 한다.

성장기

④ 사업 전략이 적중하고 시장성장률이 상승해 매출이 급증한다. 선발 주자로서 자사의 상대적 시장점유율도 높아지고 영업현금흐름이 흑자로 바뀌어 채산성이 좋아지기 시작한다. 투자 의욕은 여전히 왕성하다. 흑자로 얻은 영업현금흐름으로 투자를 계속한다.

성숙기

⑤ 사업이 성장기에서 성숙기로 들어서는 전환점이다. 고객이 제품의 기능에 질리기 시작해서 매출은 감소세로 돌아선다. 먼저 판매 수량이 줄어들기 시작한다. 이렇게 시장에 정체 신호가 나타나면 그다음에는 판매 단가가 떨어진다. 이는 회사가 재고가 쌓일 것을 우려해 가격을 낮춰서라도 재고를 처분하려고 서두르기 때문이다.

이 시기에는 제품의 수명을 연장시키기 위해 새로운 기능을 추가할 방법을 모색하거나 보수 관리 등 수변 사업으로의 확장 가능성을 검토한다. 여기에서 높은 시장점유율을 계속 유지하면 그 후 사업은 장기적으로 잔존자 이익을 기대할 수 있는 '돈이 되는 나무'가 된다.

이 시기는 사업이 비싸게 팔리는 시기로, 출구전략으로 사업을 매각할지를 고려해 볼 수 있다. 시장 경쟁에서 이겨 잔존자 이익을 얻은 사업에는 수많은 매수자가 관심을 보인다. 제품 수명이 다할 때까지 자사에서 사업을 계속할 것인지, 그 사업을 매각해 자금화할 것인지 판단하는 시기다.

쇠퇴기

⑥ 사업의 라이프 사이클이 쇠퇴기에 접어들어 제품 수명이 다하기 직전이다. 현금흐름이 마이너스가 되면 사업을 유상으로 매각하기 어려워지므로 적자에 빠지기 전에 해당 사업에서 어떤 방식으로 철수할지를 생각하게 된다. 마지막까지 사업을 계속 운영할 경우에는 사업에서 직접 철수할 각오를 해야 한다. '매각할 것인가, 철수할 것인가?' 이 즈음에는 매출 하락 속도가 빨라지기 때문에 이 판단을 뒤로 미루면 나중에 기업 가치가 크게 훼손된다.

이렇게 사업의 라이프 사이클과 회계상의 현금흐름(또는 이익 개념)을 연결해 회계 마인드로 사고하면 사업의 현황을 더욱 객관적으로 파악해 무엇을 어떻게 판단해야 하는지를 좀 더 명확하게 알 수 있다. 사업이 어떤 단계에 있는지에 따라 결정해야 할 내용이 다르고,

필요한 회계적 지식이나 정보도 다 다른 것이다.

예를 들어 사업이 성장기에 접어들어 적극적으로 투자하는 상황일 경우에는 미래의 현금흐름을 어림잡아 실질적으로 현재가치를 산정해야 투자 안건의 경제적 합리성을 판단할 수 있다. 또 사업이 성숙기에 접어들면 재고에 대한 부담 때문에 가격을 낮추는 경향이 있는데, 이때 예산 실적을 철저히 관리하거나 원가 절감 등을 통해 가격 경쟁력을 높일 방법을 강구해야 한다. 또 사업이 쇠퇴기로 접어들어 사업을 매각할 경우에는 기업 가치 산정이 의사 결정에 필요한 중요한 정보가 된다. 또한 기업 전체의 전략을 구상할 때도 투자에 필요한 자금 규모와 사업 매각으로 얻을 수 있는 현금 규모를 예측해야 자금 조달 계획을 세울 수 있다.

결국 사업 전략을 실행하거나 전사 전략을 구상할 때도 회계 마인드로 경영전략을 꿰뚫어 보고, 각 단계에서 판단의 핵심이 무엇인지 알아두면 경영에 관한 판단의 질을 높일 수 있다.

그러나 대부분의 회사는 사업에 투자한 후 경리 부서에서 올라오는 재무회계 수치만 바라볼 뿐이다. 아직 사업의 라이프 사이클에 따른 경영 과제 발굴과 회계 수치를 활용하는 데 미숙한 회사가 많은 것이다. 투자 후 사업을 어떤 식으로 모니터링할 것인지 모호한 회사라면 사업 초기부터 경쟁에서 뒤지고 만다.

사업 투자에 대한 판단은 원래 불확실성 속에서 이뤄진다. 기술 혁신의 속도나 경쟁 업체의 상황, 자사 기술의 우위성 등 대부분이 불확실한 상황에서 투자에 관한 판단을 해야 한다. 물론 투자 판단 시기를 늦추면 불확실성의 위험은 상대적으로 감소한다. 하지만 경쟁 업체가 그런 위험에도 불구하고 먼저 투자하게 되면 자사는 선발 주자로서 얻을 수 있는 이득을 누릴 기회를 놓치게 된다. 결국은 낮아진 위험성 만큼 줄어든 이익에 만족해야 한다. 따라서 선발 주자가 되려면 사업 성장 단계에 맞는 경영 과제를 인식하고 조기에 대처하는 기민한 자세를 갖춰야 한다.

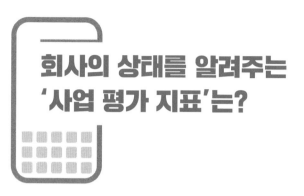

회사의 상태를 알려주는 '사업 평가 지표'는?

사업 포트폴리오 전략에서는 어떤 사업 평가 지표를 이용해 자사의 사업들을 평가해야 할까?

매출액과 업계 시장점유율

고도성장기에는 어느 나라의 어느 기업이나 매출액을 높이는 것을 중시한다. 기업 이익의 원천은 매출액이라는 것이 공통된 생각이기 때문이다. 또 이때 업계에서 시장점유율을 확대하는 것도 중요하게 여긴다. 수요가 공급을 웃도는 상황에서는 다른 회사에 앞서서 제품을 공급하면 업계에서의 시장점유율을 높일 수 있다. 업계의 선도 기업이 되면 브랜드 가치가 높아지고, 매출이 더욱 증가한다. 그렇게 하면 판매 정책과 비용 절감 등 다양한 측면에서 규모의 이익을 실현할 수 있다고 생각하는 것이다.

지금도 중기 경영 계획을 잡을 때 꽤 높은 매출을 목표로 내세우는 회사를 자주 볼 수 있고, 그중에는 실현하기 어려운 목표 매출을 잡는 회사도 있다. 그러나 이런 목표는 수요가 공급을 웃도는 고도성장기에만 달성 가능하다. 이렇듯 지나치게 높게 목표 매출을 잡는 회사라면, 그 매출액을 달성하기 위해 얼마나 많은 희생(비용)이 뒤따라야 하는지 먼저 생각해 보길 바란다.

매출액수익률(ROS)

그다음으로 영업이률, 경상이익률, 당기순이익률 등 매출액 대비 이익률이 중시된다. 매출액의 절대적인 수치에 주목하지 않고 그 매출을 얻기 위해 얼마나 많은 매출원가, 판매비 및 일반관리비, 금융비용이 들었는지, 그 결과로 남은 영업이익, 경상이익, 당기순이익이 얼마나 되는지를 중시하는 것이다.

이익률 개념을 중시하게 된 것은 사업 규모가 아니라 비즈니스모델이나 비용 구조를 검증해 사업의 이익률을 평가하기 위함이었다. 아무리 매출액이 높아도 비용에 대한 개념이 부족해 이익을 남기지 못하는 회사의 경우는 배당도 기대할 수 없다. 매출액 대비 이익률을 중시하는 흐름은 경기가 악화되면서 기존처럼 높은 매출 향상을 기대할 수 없다는 환경적 요인이 그 배경이 되었다.

하지만 여기에는 '그 이익을 얻기 위해 얼마나 많은 자본을 사용했는가' 하는 투자 효율에 대한 고민이 빠져 있다. 이익률 추구는 회사에 자금이 풍족할 경우에는 좋지만, 자금에 한계가 있는 경우에는 투자 대비 효과가 높은 사업을 선별할 수 없다는 약점이 있다. 회사는 자금 조달에 문제가 생기면 매출액 대비 효율이 아니라 투자 대비 효율을 중시해야 한다.

총자산이익률(ROA)

직접금융(기업이 금융 기관을 통하지 않고 주식, 채권 등을 발행해 직접 자금을 조달하는 방식)의 확대로 주식시장에서 자금을 조달하게 되면 그때부터는 투자 효율을 중시하는 지표가 주류가 된다.

예를 들어, 똑같은 1억 엔(약 11억 4,000만 원)의 이익을 계상하더라도 10억 엔(약 114억 원)을 투자해서 얻은 이익인지, 100억 엔(약 1,140억 원)을 투자해서 얻은 이익인지에 따라 투자 효율은 열 배가 차이 난다. 이 투자 효율을 판단하려면 매출액 대비 비율보다 투자 금액 대비 최종 이익의 비율을 봐야 한다. 이는 자금을 빌려주는 투자가 관점에서 보면 당연한 생각으로, 이렇게 주목받기 시작한 것이 총자산이익률(ROA)이다.

총자산이익률은 당기순이익을 총자산으로 나눠 산정하는데, 그 수식을 전개하면 '매출액수익률×총자산회전율'이 된다. 이것은 기존의 매출액수익률에 새롭게 총자산 활용의 효율성을 더한 지표다. 매출액

$$\text{ROA} = \frac{\text{당기순이익}}{\text{총자산}}$$

$$= \frac{\text{당기순이익}}{\text{매출액}} \times \frac{\text{매출액}}{\text{총자산}}$$

매출액수익률

매출에서 총비용을 공제해 얼마나 효율적으로 최종 이익을 얻는가에 대한 지표

총자산회전율

총자산을 얼마나 효율적으로 활용해서 매출을 얻는지에 대한 지표. 높을수록 좋다.

에 대한 이익률의 향상과 함께 더 적은 자산으로 더 많은 매출을 올리는 능력이 필요해진 것이다.

자기자본이익률(ROE)

1980년대 이후 특히 미국에서는 회사의 소유자인 주주의 발언에 힘이 실리기 시작했다. 주주들이 목소리를 내기 시작한 것이다.

총자산이익률은 총자산 대비 투자 효율을 평가하는 것이다. 그런데 기업에 출자하는 주주 입장에서 보면 그들이 출자하는 주주 자본은 기업 총자산의 일부분일 뿐이다. 그렇다면 총자산이 아니라 주주 자본이 얼마나 효과적으로 운용되는지 평가하려면 어떻게 해야 할까? 그래서 나온 것이 바로 자기자본이익률(ROE: Return on Equity)이다.

자기자본이익률은 당기순이익을 주주 자본으로 나눠서 구하는데, 그 수식을 전개하면 매출액수익률에 총자산회전율을 곱한 것까지는 총자산이익률과 같고, 여기에 재무레버리지(총자산÷주주 자본)라는 요소가 추가되는 점이 다르다.

회사가 주주를 통해 자금을 조달하면 자기자본비율이 좋아지므로 보통은 금융기관에서의 여신 기준이 확대된다. 그것을 지렛대 삼아 금융기관에서 새롭게 돈을 빌리거나 사채 등을 발행해 자금 조달 규모를 한층 더 늘릴 수 있다. 이를 기업 금융에서는 '재무레버리지'라고 한다.

주주는 경영자가 자신들이 출자한 자금을 밑천 삼아 재무레버리지 효과를 살려 더 큰 자금을 조달할 것을 기대한다. 그 이유는 회사가 금융기관에서 조달해 사업에 더 많은 자금을 투자하면 더 많은 수익을 기대할 수 있으며, 이렇게 얻은 이익은 회사의 소유자인 주주에게 귀속되기 때문이다. 그런 의미에서 자기자본이익률은 단순히 투자 효율이 아니라 경영자가 재무레버리지를 활용해 자금을 조달하는 능력

도표 10 | 자기자본이익률(ROE)

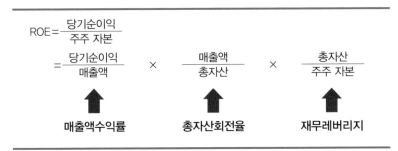

까지 평가 대상으로 삼으며, 주주 자본의 종합적인 운용 효율을 평가하는 지표라 할 수 있다.

총자산이익률과 자기자본이익률의 약점

총자산이익률과 자기자본이익률은 자금 제공자의 관점이기 때문에 사업 평가에 널리 활용된다. 그러나 한편으로 사업 평가 지표로는 몇 가지 약점이 있다. 그것은 사업 책임자가 투자할 기회를 발견해서 투자하면 고정자산이 증가해 총자산이 늘어나 결과적으로 투자 효율을 나타내는 총자산이익률이 단기적으로 악화된다는 점이다. 이 단기적인 투자 효율 악화를 주주나 기업 본사가 싫어할 경우 사업 책임자가 장기적인 관점에서의 투자에 소극적으로 대처하게 돼 경쟁력을 잃게 된다. 그뿐 아니라 한동안 투자하지 않으면 감가상각으로 고정자산이 서서히 감소하기 때문에 상대적으로 총자산이익률은 높아진다. 그래서 총자산이익률을 과도하게 중시해 사업을 평가하면 신규 투자는 물론 기존의 낡은 설비에 대한 투자까지 정체되어 설비가 급속하게 노후화된다.

게다가 총자산이익률을 이용해 미래의 사업 목표로 삼을 경우 미래의 총자산을 추정해야 하는데, 총자산은 다양한 요인으로 증가 또는 감소하므로 이를 계획 단계에서 정확하게 추정하기 어렵다. 그 결과 사전 목표와 사후 검증이 모두 필요한 사업 평가 지표로는 점점 이용도가 떨어졌다.

또 자기자본이익률에서는 경영자가 재무레버리지 효과를 너무 살리면 유이자 부채가 급증해서 총자본 중 자기자본이 극도로 적어지는 위험에 처할 수 있다. 재무레버리지 효과를 살려서 자금을 많이 조달하면 자금이 남아돌기 때문에 즉시 투자 대상을 찾아야 한다. 이번에는 총자산이익률의 투자 억제 폐해와는 반대로 투자 성과를 서둘러 내려고 하는 나머지, 투자에 대한 판단력이 흐려져서 버블 경제기에 볼 수 있는 안이한 투자 패턴을 유발하기 쉽다.

아주 큰 기업이 아닌 한 사업 책임자에게 자금 조달의 의무까지 부여하는 경우는 드물다. 사내 자본금 제도나 사내 차입금 제도 등을 이용해 사업 책임자에게 사용 자본과 조달 비용에 대해 의식하게 할 수는 있다. 하지만 기본적으로 사업 책임자가 독자적으로 금융기관으로부터 자금을 조달하는 책임까지 지지는 않는다. 그것은 기업 본사와 지주회사의 역할이다. 따라서 자기자본이익률은 주주가 기업 전체의 경영 능력을 평가할 때의 지표로는 유용하지만 사업 평가 지표로는 이용하기 불편하다.

현금 조달은
이익을 측정하는 절대 지표다

1990년대를 전후해 사업 평가 지표는 현금흐름을 중시하는 잉여현금흐름(FCF)과 자본비용을 고려한 경제적 부가가치(EVA) 지표가 주목받았다.

> 잉여현금흐름＝세후 영업이익＋감가상각비 ± 운전자본의 증감

이 시기에는 기업 활동도 투자금도 국경을 넘어 글로벌화가 활발하게 진행됐지만, 한편으로는 세계적으로 통일된 회계기준은 정비되지 않았었다. 해서 각국의 독자적인 회계기준으로 산정된 이익 개념으로는 글로벌 기업 간, 사업 간의 실적을 비교할 수 없었다. 이 때문에 잉여현금흐름처럼 '한 회계기간에 얻은 현금'이라는 객관적 사실을 사

업 평가 지표로 삼아 실적을 비교하게 되었다.

원래 경제학이나 재무관리론 분야에서는 기업 가치를 '기업이 평생 만들어내는 현금흐름의 총액'이라고 판단하기 때문에 현금에 주목한 평가는 너무 이론적이라고 생각하고 있었다. 그런데 이 무렵 월드컴(WorldCom)이나 엔론(Enron)처럼 회계 부정을 저지르고 크게 도산한 회사가 나타나면서 현금은 이익 품질(얼마나 되는 현금을 동반하는가)을 측정하는 지표로 주목받게 되었다.

또한 잉여현금흐름은 영업현금흐름에서 투자에 따르는 비용을 공제해 산정하므로 총자산이익률에 편향될 때 저지를 수 있는 투자 억제라는 결점을 극복할 방법으로 받아들여졌다.

그러나 잉여현금흐름에서의 투자 비용 개념은 투자한 회계기간 내에 전액 지출로 잡기 때문에 그 회계기간 이후의 투자 효과를 반영할 수 없다. 즉 연 단위의 잉여현금흐름만으로는 해당 회계기간 이후 언제, 어떤 성과를 거두었는지 그 관련성을 충분히 평가할 수가 없다.

진짜 회사의 이익을 측정하는 '경제적 부가가치'란

EVA(Economic Value Added)는 뉴욕에 본사를 둔 재무 컨설팅 회사 스턴 스튜어트(Stern Steweart)가 만든 사업 평가 지표다.

　기존의 사업 평가 지표는 투자한 자금에 대한 투자 효율을 평가하기는 했지만, 정작 자본을 제공하는 사람에게 얼마나 많은 비용이 들어가는가 하는 자본비용은 고려하지 않았다. EVA 평가 지표에서는 투자 성과, 즉 세후 영업이익(NOPAT: Net Operating Profit After Tax)이 자본비용을 웃돌 경우 사업이 경제적 부가가치를 창출한 것으로 보고, 그 반대의 경우 경제적 부가가치가 파괴된 것으로 본다.

　　EVA ＝NOPAT－자본비용(투자 자본 × 자본비용률)

세후 영업이익은 매출액에서 사업 활동에 따르는 비용과 세금비용을 공제한 후의 이익을 말한다. 그리고 자본비용은 회사가 자금을 조달할 때 자금을 제공하는 사람에게 지불하는 비용을 말한다. 구체적으로는 은행 융자금에 대한 이자와 주주에 대한 배당금 등이다.

총자산이익률 및 매출액영업이익률과 EVA 접근법의 차이는 실제 회계 수치에 적용시켜 보면 이해하기 쉽다.

기존에 A 사업을 운영하고 있던 어떤 회사가 신규 매수 안건 B 사업에 투자하기로 판단했다. 기존의 A 사업만 운영할 경우 매출액영업이익률은 20퍼센트, 투자 자본 영업이익률은 16퍼센트다. 지금 여기서 신규 매수 안건 B에 투자하면 B 단독 매출액영업이익률은 15퍼센트, 투자 자본 영업이익률은 8퍼센트가 된다. 따라서 신규 매수 안건 B에 투자하면 전체 매출액영업이익률은 20퍼센트에서 18퍼센트로, 투자 자본 영업이익률은 16퍼센트에서 12퍼센트로 각각 악화된다.

하지만 이를 EVA 관점에서 보면 경제적 부가가치의 총액은 기존의 A 사업만 운영할 경우 65에서 B 사업에 투자한 후 115로 증가해 '투자해야 한다'는 결론이 나온다. 이는 B의 투자 자본 1,500을 조달하는 데 드는 자본비용율이 2퍼센트고, 자본비용이 30, B 사업에 신규 투자한 결과 얻을 수 있는 세후 영업이익이 80(영업이익 120 – 세금비용 40)인 점을 감안할 때 자본을 제공하는 사람에게 30을 지불하더라도 회사에 50만큼의 경제적 부가가치가 발생하기 때문이다.

EVA 관점에서는 투자 성과, 즉 세후 영업이익이 자본비용을 웃돌 경우 매출액영업이익률이나 총자산이익률이 악화되더라도 경제적 부가가치가 상승하므로 투자를 추진해야 한다는 결론이 나오게 된다.

만약 중기 경영 계획에서 총자산이익률과 매출액영업이익률 향상을 목표로 삼은 회사라면 과연 신규 매수 안건 B에 투자할까? 아마 투자하지 않을 가능성이 높다. 투자하면 중기 경영 계획의 숫자 목표와 반대의 결과가 나오기 때문이다. 그러나 전사적인 이익률과 투자 효율이 저하됐다는 것이 반드시 기업 가치가 훼손되었다는 것을 의미하지는 않는다.

자금을 제공하는 사람 입장에서는 회사의 상황과 투자 대상에 따라 바라는 수익의 수준이 다르다. EVA는 이를 개별적으로 고려해 사

도표 11 | EVA 접근법 사례

세목	A 기존 사업	B 신규 매수 안건	A+B 매수 후
매출액	1,200	800	2,000
영업이익	240	120	360
세금비용	100	40	140
투자 자본	1,500	1,500	3,000
매출액영업이익률	20%	15%	18%↓
투자 자본 영업이익률	16%	8%	12%↓
자본비용률	5%	2%	3.5%
자본비용	75	30	105
EVA	65	50	115↑

주) EVA=NOPAT－투자 자본×자본비용률. 그런데 여기서는 NOPAT=영업이익－세금비용으로 간편화한다.
출처: 스턴 스튜어트, 《EVA에 의한 가치 창조 경영》, 2001년.

업 평가에 활용할 것을 강조한다. 위의 사례와 같이 총자산이익률이나 매출액수익률이 악화되더라도 자본비용이 싸면 경제적 부가가치가 올라갈 수 있고, 반대로 총자산이익률이나 매출액수익률이 좋아졌더라도 자본비용이 높으면 경제적 부가가치가 떨어져 기업 가치가 손상될 수 있다.

이는 매우 무서운 일이다. 회사 전체의 매출액수익률과 투자 효율을 높일 수 있다고 판단해 아무런 의심 없이 한 투자가 사실은 회사의 현금흐름을 악화시킬 수 있는 것이다. EVA 접근법을 따르면 이런 의사 결정의 오류를 피해갈 수 있다는 장점이 있다.

한편 EVA 접근법의 단점은 이론이 난해하다는 점이었다. 미국에서 직수입된 사업 평가 지표로, 회계에 대한 기본 지식이 없는 경우 세후영업이익이나 자본비용 등 기본 개념을 이해하기 어려워서 도입하기까지 상당한 사내 교육이 필요했다. 이론적으로는 뛰어나지만 대차대조표, 손익계산서, 현금흐름, 자금비용 등과 관련된 회계적 사고를 할 수 있어야 제대로 이용할 수 있기 때문이다.

사실 어떤 사업 평가 지표든 장단점이 있고, 평가의 관점이 다 다르다. 매출액 향상을 목표로 해야 할 때, 비용을 대폭 절감해야 할 때, 투자가에 대한 설명 책임을 중시해야 할 때… 회사의 현재 상태를 잘 살펴보고 중·장기적인 관점에서 '지금' 필요한 사업 평가 지표를 선택해 사업 포트폴리오를 최적화해야 한다. 이럴 때 제대로 된 회계 시스템을 통한 회계 지표는 경영자, 사업 책임자의 이해를 돕고 보다 현명한 의사 결정을 할 수 있도록 실삽이 역할을 할 수 있을 것이다.

팀장이 급변하는 환경에서 살아남는 법

지금은 회사가 한 가지 사업으로 지속적으로 이익을 창출하기 어려운 시대다. 수많은 회사의 실적이 이를 나타내고 있다.

기업 경영을 어선 조업에 비유하자면, 사업 포트폴리오를 결정하는 것은 '어느 해역에 그물을 내릴 것인가'와 같은 문제다. 그리고 사업 평가 지표는 '어떤 판단 기준으로 조업할 해역을 선택할 것인가'와 같다. 또 경영 환경의 변화가 뚜렷하다는 것은 물고기 떼가 적고, 그 마저도 다른 바다로 흘러간다는 것을 의미한다. 회사가 사업 포트폴리오의 최적화를 계획하거나 매출액이나 이익률, 투자 효율 등 사업 평가 지표를 선택하기 위해 고심하는 것은 이 물고기 떼를 정확하게 추적하기 위함이다.

최적화된 사업 포트폴리오를 준비하는 회사는 물고기 없는 바다에 그물을 내리는 일이 없다. 하물며 물고기가 없는 바다에서 대규모 어항(漁港)을 조성하는 일도 없다.

그렇다면 팀장이 급변하는 환경에서 살아남으려면 어떻게 해야 할까? 회사가 생존을 위해 다방면으로 애쓰는 만큼 팀장은 회사의 이런 기민한 움직임에 동승해야 할 것이다.

Accounting

For

Team

Leader

숫자를 제대로 알면 M&A에서 무조건 유리하다

최적의 사업 포트폴리오를 구상할 때 사업의 선택과 집중에 관한 판단은 신속하게 이뤄져야 한다. 그런 의미에서 M&A는 시간을 절약할 수 있는 유용한 전략이지만, 그 과정에서 상대방과의 사이에 놓인 과제 하나하나를 해결하며 합의에 이르러야 한다.

M&A의 하이라이트는 뭐니 뭐니 해도 매수 가격 결정이다. 매수 가격은 기업 가치평가를 토대로 순자산과 현금흐름 같은 수많은 회계적 핵심 정보를 총망라해 산출한다. 이를 체계적으로 정리해 다양한 각도에서 기업 가치를 보여줄 수 있다면 상대방과 협상할 때 우위에 설 수 있게 된다. 때문에 숫자를 제대로 알면 M&A에서 무조건 유리하다 할 수 있다.

실무 경험부터 회계 지식까지, 기업의 총력전 M&A에 임하는 자세

앞에서 사업 포트폴리오 최적화의 중요성에 대해 설명했는데, 사업의 선택과 집중에 대한 방향성이 정해졌다면 이를 달성하는 수단으로 M&A(Merger and Acquisitions, 기업인수합병)를 활용할 수 있다.

M&A는 원래 새로운 사업의 싹을 키우고 싶거나 채산성 낮은 사업에서의 출혈을 빨리 막고 싶다는 전사 전략을 바탕으로 기획되는데, 그 판단 배경에는 M&A 실시 후 회사가 꿈꾸는 목표가 있다. 예를 들어 M&A를 실행해서 매출액이나 이익을 10퍼센트 늘리고 싶다거나 유이자 부채를 줄인다는 목표 말이다. 그 목표는 보통 회계 수치로 설정되며, M&A 실시 후에는 당초 목표가 달성되었는지 여부를 평가한다.

또한 M&A 실무에 들어가면 다양한 각도에서 매수 대상 사업을 조사하는 기업 실사를 거친다. 이 중 재무감사는 매수 대상 사업의 결산서를 충분히 이해하고 미래의 수익 계획을 자세히 조사해 적정한 매수 가격을 산출하기 위한 기초 과정이다.

매수 가격 산출로 이어지는 기업 가치 산정 과정에서는 여러 가지 기업가치평가 기법을 활용해 자사에 유리하거나 불리한 사항을 사전에 확인해 상대방과 가격을 협상할 때 우위에 서서 진행해야 한다. 여기에는 고도의 회계적 전문성이 요구된다.

M&A는 일반적으로 기업 본사의 전략 부서나 프로젝트 팀에서 담당하는 경우가 많다. 이때 M&A 담당자들이 기업 실사부터 기업 가치 산정까지 회계적 지식을 최대한 활용해야 만족할 만한 성과를 얻을 수 있다. 이는 매각자, 매수자 모두 마찬가지다. 다시 말해 M&A는 회계뿐 아니라 민법, 회사법, 증권거래법 등에 관한 법률 지식, 특허권이나 실용신안권 등 지적재산권에 관한 지식, 협상 등에 관한 전문 능력과 실무 경험 등을 동원해야 하는 총력전이다.

M&A 전략으로 '1+1=3'의 효과를 내는 법

최근에는 경영자가 회사의 성장 전략을 실현하거나 실적이 저조한 사업에 대처하는 데 할애할 시간이 한층 짧아졌다. 그런 경영 환경에서 M&A 전략을 활용하는 가장 큰 이점은 '시간을 산다'는 데 있다. M&A를 활용해 다른 회사를 매수하면 매수 대상 사업의 매출 규모, 제조 기술, 판매망, 지적재산권 등 사업과 관련되는 경영 자원을 한꺼번에 확보할 수 있다. 이미 사업을 운영하고 있는 사업체를 매수하면 사업을 처음부터 구상해 완성해 가는 것보다 시간을 훨씬 절약할 수 있다.

반대로 자금 조달에 한계가 있는 회사가 새로운 사업에 투자하려고 할 경우에는 기존의 사업을 접고 그 사업을 현금화하는 것도 한 가지 방법이다. 특정 사업에서 철수할 경우, 그 사업이 아직 적자에 빠지기 전이라면 매각해서 양도 차익을 얻을 수 있다. 그런데 만약 사업이 이미 적자로 돌아선 후라면 유상으로 매각하기가 쉽지 않다. 그럴 경우 더 이상의 현금 지출을 막기 위해서는 사업을 청산하는 방법밖에 없다. 이때는 사업을 매각할 때보다 많은 비용과 시간이 들게 된다. 이처럼 M&A를 통해 비핵심 사업을 조기에 매각하면, 그 결과 들어온 현금으로 새로운 사업에 투자할 여력이 생긴다.

고객이 남들과 다른 것을 요구하고, 기술력이 그 요구에 부응하기 시작한 요즘은 제품이 시장에서 통용되는 시간이 매우 짧다. 새로운 요구가 계속 제품에 반영되는 한편, 기존 제품이 진부하게 느껴지는 것이다. 특히 변덕스러운 소비자를 상대하는 B to C 사업은 고객 기호의 다양화가 매출과 이익의 변동성 확대로 직결된다. 그러므로 늘 새로운 사업 분야를 개척해 사람들이 주력 제품에 싫증을 내기 전에 다음 사업의 싹을 틔워야 한다.

그런 의미에서 M&A 전략을 효과적으로 활용하면 사업을 선택하고 집중하는 데 있어서 단기간에 이상적인 사업 포트폴리오를 구축할 수 있고, 결과적으로 회사가 취할 수 있는 전략 선택의 폭이 늘어나게 된다.

M&A 전략의 두 번째 이점은 기존 사업과의 시너지 효과를 노리기 쉽다는 점이다. 앞서 사업 포트폴리오의 장점 부분에서도 말했지만, 시너지 효과는 M&A를 통해 매수한 사업을 기존 사업과 함께 경영해 따로 경영할 때보다 사업적 효율성을 향상시키는 것을 말한다. 기존 사업의 약점을 보완할 목적이거나 신규 사업에 진출할 경우일지라도

기존 사업과의 시너지 효과로 '1+1=3'의 효과를 누릴 수 있다.

기업 실사 과정에서는 매수 대상 기업의 경영 자원을 실제로 직접 확인하고 평가해야 한다. 기업 실사는 '무엇에 대해 대가를 지불하는가'를 확인하는 과정으로, 기존 사업과의 궁합 여부를 확인할 기회이기도 해서 시너지 효과를 검토하기 위해서라도 꼭 필요한 과정이다. 만약 신규 사업에 투자해 사업을 키우려고 하는 경우라면 투자 단계에서 검토할 실체가 없기 때문에 너무 막연한 나머지 기존 사업과의 시너지 효과를 명확하게 이미지화하기 어렵다.

반대로 M&A에도 단점은 있다. 첫째, 매수하려는 사업과 기존 사업 간의 기업 문화, 조직 풍토가 달라 서로 융화되지 않아 당초 예정한 효과를 달성하지 못할 수 있다. 어느 회사가 다른 회사를 매수할 경우 매각된 회사 직원들에게 새로운 충성심이 싹트려면 거기에 맞는 적절한 관리와 일정한 시간이 필요하다.

사업을 매수한 모회사에서 고위직 임원만 내려보내 무분별하게 인사에 개입하게 하거나 고압적인 발언을 반복하는 경우에는 기존 직원들의 사기가 오르지 않아 시너지 효과는 누릴 수 없게 된다. 또 대기업끼리 M&A를 한 경우에는 주도권을 둘러싸고 대립이 심화되어 조직 개편이나 인사 개편 등에 애를 먹기도 하며, 사내 정치가 만연하게 된다.

M&A를 전후해 PMI(Post Merger Integration, 기업인수합병 후 통합관리)를 잘못하면 기업 내에 대립하는 풍토나 가치관이 조성돼 사사건건 서로 반목하고 파벌이 형성돼 끈끈한 결속력을 다지기 어렵게 된

다. 이는 '마이너스 시너지'라고도 하는데, '1+1=0'이 되는 것이다. 실제로 이 PMI를 만만하게 봤다가 M&A에 실패한 회사도 셀 수 없이 많다.

M&A의 또 다른 단점은 이른바 '발견하지 못한 위험'이 있을 수 있다는 것이다. 이는 매수 대상 사업을 평가해 매수 가격을 산정하는 과정에서 발견되지 않은 '마이너스 유산'이 계약 체결 후에 표면으로 드러나는 위험을 말한다.

기업을 매수할 때 매수 후의 위험을 줄이기 위해 공인회계사나 변호사에게 위탁해 기업 실사를 진행한다. 이들은 기업 실사를 하면서 매수 대상 기업을 비즈니스, 금융, 법률, 인적자원 등 다방면으로 조사해 예상하지 못한 위험이 잠재되어 있지는 않은지를 검증한다. 그런데 아무리 꼼꼼하게 확인하더라도 한정된 시간 안에 모든 리스크를 밝혀내기는 실무적으로 매우 어렵다. 이렇게 기업 실사 과정에서 충분히 방지하지 못한 리스크에 대해서는 최종 계약서에 '매각자의 진술 및 보증 조항'을 삽입해 매각자에게 위험 부담을 지게 하는 방법으로 리스크에 대비할 수 있다. 그러나 결국은 오랫동안 다른 기업이 경영하던 사업이기 때문에 나중에 무슨 일이 생길지 모른다는 두려움을 안고 갈 수밖에 없다.

예를 들어 매수한 공장의 폐수가 지반으로 스며들어 나중에 지반을 개량하는 데 많은 비용이 들었던 사례, 매수 전에 해고한 직원에게 잔업수당 등을 지급하지 않아 소송을 당한 사례도 있다. 또 매수 전에 판매한 제품이 매수 후 반품된 경우도 있다.

M&A는 매각자가 오랫동안 경영해 온 사업상의 권리와 의무를 매수자가 통째로 계승하는 것이기 때문에 '발견하지 못한 위험'을 완전히 없애기는 어렵다.

대체 이 M&A의
목적은 무엇인가?

M&A에 임할 때는 M&A의 목적을 명확히 하는 것이 가장 중요하다. 매수자 입장에서는 ① 신규 사업 진출을 위한 M&A, ② 기존 사업의 보완 및 확대를 위한 M&A, 매각자 입장에서는 ③ 실적이 순조로운 사업을 매각하는 M&A, ④ 채산성 낮은 사업의 축소 및 철수를 위한 M&A 등 조직 전략상 각각의 목적에 따라 M&A를 활용할 수 있다. 그런데 실제로는 M&A의 전략상 목적을 상세히 논의하지 않고 협상에 임하려고 하는 회사가 많다.

이는 단순히 M&A 업무에 대한 경험 부족이 주된 요인이라고 할 수 있다. 처음 M&A에 임하는 회사는 '협상을 통해 무엇을 얻을까'라는 생각에까지 목적의식이 미치지 않을 때가 많아서 일단 M&A 안건을 성립시키는 것을 목적으로 한다. 그러나 M&A라는 것은 안건의 성립에 따라 달성해야 할 목적이 크게 다르다.

예를 들어 자금 조달에 한계가 있는 경우에는 매수 금액(또는 매각 금액)이 양보할 수 없는 선일 것이고, 동종 사업을 매수할 경우에는 매수 후 기존 사업과의 시너지 창출이 목적일 것이다. 또 채산성 낮은 사업을 조기에 정리하고 싶다면 최종 계약까지의 시간을 우선시할 것이다.

M&A를 시작하면 상대방과의 계약 협상뿐 아니라 기업 가치를 산정하거나 기업을 실사할 때 현장에서 여러 가지 사항을 판단해야 한다. 그때 실무를 담당하는 팀 내에서 이 안건을 추진하는 목적을 명확히 하여 공유하지 않으면 현장에서 각자 다른 가치 판단을 하게 돼 세부 논점에 이르기까지 획일성을 유지하기가 어렵다. 이를 방치하면 나중에 당초의 목표와는 크게 동떨어진 계약을 맺게 될 수도 있다.

때로는 상대방과의 협상에 난항을 겪다가 상대방이 내민 안건을 '힘든데 빨리 끝내자'라는 심정으로 그대로 받아들여 M&A의 목적을 달성하지 못하는 경우도 있다. 그럴 때 협상을 중단하는 최소한의 기준을 확실히 정해놓기 위해서라도 M&A를 통해 무엇을 얻을 것인지에 대해 기업 내에서 제대로 논의하고 실무 팀 내에서 공유해야 한다. 그렇게 하지 않으면 팀은 M&A 안건에 따른 목적을 달성하기보다 어느 순간 안건 자체를 안전하게 끝마치는 것을 목표로 삼게 된다. M&A 실무 팀은 안건에 따라 1년 넘게 그 일에 매달리는 경우가 많은데, 뒤로 갈수록 협상이 결렬되는 것만은 피하고 싶다는 생각이 강하게 작용한다. 협상이 결렬되면 1년여에 걸쳐 진행한 고된 업무가 물거품이 되기 때문이다.

그러나 '원래 이 거래는 무엇을 목표로 했는가?' 하는 회사 입장에서 설정한 목표를 등한시하면 나중에 돌이킬 수 없는 손실을 초래하게 된다.

가장 안이한 방식은 막연하게 M&A로 단번에 매출이 증가할 거라고 생각하는 것이다. 매수 대상 기업의 지배권을 확보해 자회사로 만들면 매출액이 증가하는 것은 맞다. 하지만 그와 동시에 유이자 부채와 채무도 함께 늘어나므로 매출 증가만 염두에 두어서는 안 된다.

경영자 중에는 결산 발표를 앞두고 성과를 보여주기 위해 M&A를 활용하려고 하는 경우도 있다. 그렇게 되면 처음부터 M&A의 목적이 장기적으로 기업 가치를 향상시키는 데 있는 것이 아니므로 안건이 성립하더라도 세부 사항을 공들여 만드는 데는 소홀하게 된다. 이해관계자에게 어필하기 위한 보여주기식 M&A인 것이다. 이래서는 제대로 된 성과를 낼 수 없다. 이런 인수합병으로는 주가 하락과 신용 저하만 초래하게 될 뿐이다.

M&A를 제대로 활용하기 위해서는 기업이 'M&A로 무엇을 얻을 것인가'라는 도달 목표를 명확히 정해 그 기본 방침에 따라 기획 단계에서부터 최종 계약에 이르기까지 일사분란하게 움직여야 한다.

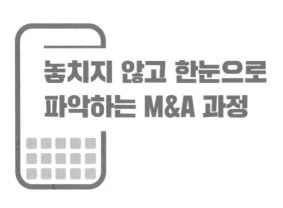

놓치지 않고 한눈으로
파악하는 M&A 과정

M&A는 두 회사 간에 안건 타진부터 최종 계약에 이르기까지 여러 단계를 거쳐서 성립된다. 일반적으로 짧게는 3개월, 대규모 안건일 경우에는 1년이 넘는 협상 기간을 거쳐 최종적인 합의에 이르게 된다.

다음은 일반적인 M&A 과정으로 어디까지나 일반적인 사례이며, 실제로는 안건을 진행하는 방법에 따라 기업 실사와 기본 합의의 순서를 바꾸기도 하고, 각서 체결을 생략하는 등 안건에 따라 유연하게 설계해야 한다.

안건 타진 · 기획

M&A에 관한 정보는 여러 경로를 통해 얻을 수 있다. 기업이 사업을

하면서 맺게 된 관계, 즉 고객사, 공급 업체 또는 동종 업계 관계자로부터 사업 매수나 양도를 제안받기도 하고, M&A 중개회사로부터 제안을 받기도 한다.

M&A를 타진할 때는 상대 기업의 전략 부서나 경영기획 부서에 제안하고, 제안을 받은 기업은 기존의 전사 전략의 방향성과 비교해 그 안건의 장단점을 다방면으로 검토한다. 이때 검토 가치가 있다고 판단되면 관련 사업부와 필요한 범위 내에서 정보를 공유하고, 안건을 본격적으로 검토할 것인지를 판단한다.

그런데 실제로 이런 안건은 자금난 등 경영 악화로 인해 사업을 지속하기 어려운 회사들이 구제를 바라는 마음으로 제안하는 경우가 대부분이다. 그런 회사는 매출이 급감하고 설비가 노후해 쓸 수 없게 되거나 거액의 차입금을 끌어안고 있는 경우가 많다. 경영자는 물론 직원들도 의욕이 거의 없다. 냉정하게 예측하면 1년 안에 자금 부족으로 더 이상 손쓸 수 없는 상태가 될 법한 회사가 매물로 나오는 것이다. 이때 매수 가격이 싸다는 이유로 그런 회사를 덥석 인수하는 경우가 있는데, 이는 경영자와 M&A 실무자가 가장 경계해야 할 부분이다. 그 회사가 무슨 이유로 적자에 빠졌는지 밝히고, 자사가 그 문제를 해결할 수 있다는 가설이 성립될 때 매수를 결정해야 한다.

비밀유지계약 체결

타진 단계에서는 매매 대상이 되는 회사의 병정 능을 밝히지 않는 성우가 많다. 이 사실이 업계에 알려지면 회사의 기업 가치가 훼손될 수 있기 때문이다. 또 M&A를 검토한다는 정보가 누설되면 업무를 진행하는 데도 지장을 받게 된다. 상장회사일 경우에는 그 정보의 영향으로 주가가 오르락내리락할 수 있기 때문에 내부자 거래 규제 관점에서도 정보 관리에 세심하게 주의할 필요가 있다. 직원과 하청 기업은 이런 정보에 매우 민감하게 반응해 이런저런 억측이 난무할 수 있는데, 이런 억측이 좋은 방향으로 작용하는 경우는 거의 없다.

또한 안건을 검토하고 기업 실사를 하게 되면 대상 기업은 자사의 연구개발, 제조 기술, 업무 관리 파트 등의 경쟁력과 수익 구조의 핵심 정보를 매수 기업에 제공한다. 이때 제공한 정보가 M&A 안건 외에는 이용되지 않도록 초기 단계에 매각자와 매수자가 비밀유지계약(CA: Confidential Agreement 또는 NDA: Non-Disclosure Agreement)을 체결한다.

기본 합의 또는 각서 체결

그런 다음 기본 합의를 체결한다. M&A 당사자가 안건을 본격적으로 검토하기 전에 서로 '이것만은 합의해 놓자' 하는 것을 사전에 합의하는 것이다. 여기에는 대상 사업의 범위, 기본적 계획, 매수 가격 산정 방법, 직원의 처우, 브랜드 사용 유무 등 기본적 사항이 포함된다.

사업을 매각하는 입장에서 보면 매수자가 기업 실사를 시작하면 경영의 기밀이 외부인에게 알려지게 된다. 또 매수하는 입장에서 봐도 기업 실사가 이뤄지면 공인회계사나 변호가 등 전문가에게 조사를 의뢰하기 때문에 나름대로 비용과 시간이 들게 된다. 서로가 위험 부담을 안고 비용을 낭비한 후, 그때 가서 기본적인 구성과 의도에 차이가 있음이 밝혀지면 양쪽 모두에게 손해다. 이를 미연에 방지하기 위해 초기 단계에 서로가 협상에서 바라는 조건이나 생각을 조정해 놓는 것이다.

각서란 기본 합의보다 간단한 문서로, 양쪽이 M&A 안건을 검토하는 취지에 동의하고 서로가 성실하게 검토한다는 데 합의하는 것이다. 대부분이 내부자 거래 규제에 대한 대처 내용으로 이뤄진다. 중요한 안건일 경우에는 기본 합의에 이르기 전일지라도 수많은 관계자에게 안건을 검토한 사실을 전한다. 이 경우 관계자들의 내부자 거래를 유발할 위험이 있는데, 잘못하면 안건 자체가 진행되지 않을 수도 있다. 이를 방지하기 위해 매우 초기 단계에 M&A를 검토했다는 사실을 매스컴에 발표함으로써 내부자 거래 규제에 대해 대처하기도 한다. 내부자 거래 규제란, 상장회사의 관계자 등이 그 회사의 주가에 영향을 미치는 중요한 사실을 알고 있을 경우, 사실이 공표되기 전에 회사의 주식을 매매하지 못하도록 규제하는 것이다.

이 협상 단계에서 특히 중요하게 다뤄지는 것은 '독점교섭권'이다. 독점교섭권이란, 매각자가 대상 사업의 M&A 협상에 관해 일정 기간 동안 특정 매수자에게만 독점적으로 협상할 권리를 주는 것을 말한다. 매수하는 입장에서 보면 다수의 매수 후보자가 경합을 벌이게 되면 협상이 매각자에게 유리하게 진행될 수 있고, 기업 실사에 든 비용과 시간을 날리게 될 가능성도 있다. 이를 피하기 위해 매수 후보자는 매각자에게 독점교섭권을 부여해달라고 요구한다.

반대로 매각하는 입장에서 보면 여러 매수 후보자들이 서로 경합해야 매수 가격이나 안건 교섭 시 유리하므로 특정 회사에 독점교섭권을 주기를 꺼린다. 여러 매수 후보자를 상대하려면 힘들기는 하지만, 협상에 여러 회사가 동시에 참여하게 되면 매수 가격을 높일 수 있고 협상이 결렬되는 걸 막을 수 있다.

기업 실사(매수 감사)

기업 실사는 매수하는 기업이 매수 대상이 되는 기업과 사업의 경영 실태를 비즈니스, 금융, 법률, 인적자원 등 여러 관점에서 파악하는 것이다. 이 중에서 매수 기업은 매수하려는 사업의 위험 요소를 밝혀내고 기존 사업과의 시너지 효과를 산정하며, 기업가치평가에 유용한 정보를 파악한다. 기업 실사에 대해서는 뒤에서 다시 설명하겠다.

최종 계약을 위한 조건 협상

기업 실사가 끝나면 드디어 최종 계약을 위한 계약서 초안을 작성한다. 이는 해당 안건에 관한 서로의 모든 권리와 의무를 적는 과정으로, 나중에 분쟁의 불씨가 되지 않도록 사실 인식 공유에 관한 내용과 위험 부담 조항이 상세하게 규정된다. 보통은 변호사와 금융 고문이

주도하고, 상호 치열한 협상 끝에 최종 계약 안을 정한다. 각 조항마다 각각 합의가 이뤄져야 하며, 안건에 따라서는 수백 페이지에 달하는 방대한 계약서가 되기도 한다. 그중 가장 중요한 것은 매수 가격이다. 처음에는 큰 격차가 벌어지는 경우도 있지만, 기업가치평가 결과를 토대로 협상을 거듭하는 과정에서 합의에 이른다.

계약 완료 · 대가 수주

최종 계약서가 합의에 이르면 계약 완료만 남는다. 일반적으로 사업을 양도하는 날은 최종 계약일보다 뒤로 잡는다. 주식 양도 형태의 M&A일 경우에는 해당 완료일에 주식과 그에 해당하는 대가를 교환하는 것으로 안건이 마무리된다.

기업 실사로 리스크만
잘 파악해도 50%는 성공이다

기업 실사란, M&A 인수 대상 기업에 내재하는 다양한 위험 요인과 기회를 비즈니스, 금융, 법률, 인적자원 등 다양한 관점에서 평가하는 행위를 말하며, '매수 감사'라고도 한다.

기업 실사는 오프사이트 조사(사전에 제공받은 정보 조사)와 온사이트 조사(실제로 매수 기업을 상대로 실시하는 조사)로 나뉜다. 매수에 대한 의사가 불확실한 상태에서 매수 기업이 온사이트 조사를 하면 피매수 기업 직원들이 불안해 할 수 있고, 이 때문에 정보가 밖으로 유출될 위험이 높아진다. 노동조합이 움직이는 등 직원들이 조직적으로 저항하기 시작하면 M&A를 추진할 수 없다. 그래서 초기 단계에서는 서면으로 제공받은 정보를 토대로 검토한다. 그 결과가 긍정적이면 그다음에 인수 대상 회사를 직접 실사해 정보를 얻는다. 이때에도 인수 대

상 회사의 경영자나 주요 인물, 재무관리 담당자 등 기업 실사에 필요
한 사람들에게만 매수를 검토한 사실을 알리고, 그 범위 내에서 인터
뷰와 추가 조사를 한다.

도표 12 | 기업 실사 내용

종류	내용	오프사이트	온사이트
비즈니스	사업 활동에 관한 조사	• 미래의 사업계획서 • 시장 전망 • 경쟁 업체의 상황 • 매수자와의 시너지 효과	• 경영진(주요 인물) 인터뷰 • 경영진과 직원의 능력 심사 • 거래처, 매입처와의 관계 조사
금융	재무제표 조사와 매수 가격 결정	• 지난해의 계산서류 등, 사업 보고서 • 자산 및 부채 명세서 • 세무신고서 등 • 수익 구조, 자금 조달, 손익분기점 등 분석	• 오프사이트의 정보 신뢰성 검증 • 특히 자산의 실재성, 부채의 완전성 검증
인적자원	실무 관리 조사	• 대상 회사의 직원 현황, 조직도 • 취업 규칙, 노동 협약서 • 퇴직연금제도 등의 상황	• 오프사이트의 정보 신뢰성 검증 • 필요에 따라 인사 담당 임원 인터뷰
법률	법무 측면에서의 위험 확인	• 기존 체결 계약 내용 • 소송 관계 자료 • 지적재산권 등의 상황 • 보증채무의 존재 여부	• 오프사이트의 정보 신뢰성, 우발채무의 존재, 소송 위험 등 검증 • 필요에 따라 고문 변호사 인터뷰

성공적인 M&A를 위해 뭉친 사람들

어지간한 규모의 회사가 아닌 한 M&A를 자주 하는 것은 아니므로 전문적인 M&A 과정을 사내 인력만으로 처리하기는 어렵다. M&A는 계약 협상부터 완료에 이르기까지 수준 높은 법률적·회계적 전문성이 요구되며, 매수 가격을 결정할 때도 협상을 유리하게 진행하는 노하우가 필요하다. 그래서 일반적으로는 사외에서 전문가를 영입해 활용하는 경우가 많다.

M&A를 실시하는 당사자 기업들이 있고, 이 기업들 옆에서 M&A를 추진하는 금융 고문이 있다. 금융 고문은 대부분 외부에서 영입한다. 그들은 M&A 안건이 결정되면 이후 M&A 전 과정은 물론 계약이 성사될 때까지 측면에서 지원한다.

그들의 역할은 상대방과의 협상 내용 정리부터 기업 실사 준비, 매수 가격 협상, 관련 자료 작성 등 다양하다. 협상이 한창일 때는 밤낮을 가리지 않고 분주하게 뛰어다니고, 협상이 성사된 후에는 고액의 보수를 받는다.

그 밖에 M&A에 관여하는 외부 전문가로는 변호사(법률사무소)와 공인회계사(회계사무소)가 있다. 변호사는 기본 합의부터 최종 계약에 이르기까지 기업의 의향에 따른 법률 문서의 초안을 작성하고 협상에 참여하며, 때로는 기업의 대리인으로 협상에 나서기도 한다. 매수 기업의 일원일 경우에는 매수 대상 회사를 실사하고 법률적 측면에서 매수에 따르는 위험은 없는지 검증한다.

공인회계사는 매수 가격을 결정할 때 그 이론적 근거가 되는 기업 가치를 산정한다. 대상 사업의 재무제표와 예상 손익 계획을 상세히 검증해 다양한 각도에서 기업 가치를 분석한 뒤 협상 시 유리한 위치에 설 수 있는 근거를 구축하도록 지원한다.

기업가치평가는 현재 상태의 재무제표를 토대로 한 가치, 미래 사업에서 예상되는 현금흐름을 포함한 가치, 유사 업종 기업의 주가를 참고한 가치 등 여러 평가 기법을 사용할 수 있다. 필요에 따라 그중 가장 적합한 평가 기법을 선택하면 된다. 또한 기업 실사에서 대차대조표의 자산과 손익계산서의 수익 구조 분석 등 매수 가격을 결정하는 데 큰 영향을 미치는 사항들에 대한 조사를 담당한다. 인수 대상 기업이 회계감사를 받지 않은 경우에는 대차대조표에 계상된 자산 가치가 장부 가격보다 낮을 수 있으므로 대차대조표 내용을 자세히 조사해 자산의 실질 가치를 산정하는 것도 공인회계사의 역할이다.

이렇듯 M&A 당사자 기업을 중심으로 금융 고문, 변호사, 공인회계사가 한 팀을 이루어 각각의 역할을 다하며, 협상 시 유리한 위치에 서는 것을 목표로 한다.

일단 M&A에 관한 논의가 시작되면 기업 실사, 협상 일정 관리 등 업무량이 방대해진다. 이를 잘 처리하려면 금융 고문 등 외부 전문가들을 효율적으로 관리할 필요가 있다. 업무 중에는 반드시 기업이 관여할 필요가 없거나 내부 인력의 경험과 능력만으로는 해결하기 어려운 업무도 있다. 그런 업무는 외부 전문가들에게 맡기고 기업은 매수 가격 책정과 대외적인 설명, 사내 의견 조율 등에 집중하는 편이 좋다. M&A 안건은 협상 기한이 정해져 있는 경우도 많아서 협상이 종반에 가까워질수록 시간이 촉박해 의사 결정에 할애할 시간이 부족할 수 있다. 최종 협상 단계에서는 날마다 밤을 새우는 경우도 있어서 체력전이 될 수도 있다. 그때 기업의 직원이 지치면 체력 면에서 뒤처져 협상에 실패할 수도 있다.

대형 회계사무소나 법률사무소처럼 그룹으로 이뤄진 외부 전문가는 담당자를 교체할 수 있지만, 기업의 협상 멤버는 그럴 수 없다. 따라서 주변 업무에 해당하는 기업 실사나 일정 관리 등은 과감하게 외부 전문가들에게 맡기고 기업은 안건의 성패를 좌우하는 주요 논점에 집중할 필요가 있다. 장기간에 걸친 힘든 협상을 성공적으로 마무리하려면 기업과 외부 전문가들이 각각의 입장에서 전문성을 살리는 팀 매니지먼트가 매우 중요하다.

기업 매수 가격을 결정하는 3가지 방법

M&A에 임하는 기업의 가장 중요한 관심사는 매수 가격이다. 매수 가격은 정해진 공식에 의해서가 아니라 최종적으로 매각자와 매수자의 합의에 의해 결정된다. 공인회계사나 변호사가 아무리 기업가치평가 이론을 근거로 산출한 가격을 제시해도 당사자끼리 합의하지 않으면 거래는 성사되지 않는다. 경영자가 정량적 평가로 측정할 수 없는 사업의 미래상을 주장한다거나 매수자가 자금을 충분히 준비하지 못한 경우에도 산출된 기업 가치를 받아들이지 못할 수 있다. M&A는 기본적으로 쌍방 간의 거래이므로 매매 당사자의 주관과 여러 사정에 따라 매수 가격이 크게 좌우된다.

이런 사정이 있다고 해도 M&A는 모르는 법인끼리 각자의 이익을 위해 사업을 매매하는 것이나. 매수 가격을 결정할 공통된 기준이 없으면 합의에 이르기 매우 어렵다. 이때 이용할 수 있는 것이 기업가치 평가 이론이다.

기업가치평가 이론은 크게 수익 접근법, 시장 접근법, 순자산 접근 법 세 가지로 나눌 수 있다.

수익 접근법

수익 접근법은 평가 대상 기업이 미래에 얻을 현금흐름과 이익을 현재가치로 할인해서 평가하는 기법이다. 일반적으로 기업이 자산에 투자하는 것은 이를 활용해 미래의 현금흐름이 원활해지도록 하는 데 목적이 있다. 미래의 이익 창출 능력을 평가하는 데 목표를 둔 평가 기법인 것이다. 대표적인 것이 잉여현금흐름법이다. 잉여현금흐름법은 '현금흐름할인법'이라고도 하며, 기업 활동을 유지해 나가는 것을 전제로 미래에 얻을 수 있는 잉여현금흐름의 총계에 주안점을 둔다. 벤처 기업처럼 회사의 신기술이 향후 많은 현금흐름을 창출할 가능성이 높은 경우, 잉여현금흐름법으로 그 사업의 장래성을 평가하면 매매 당사자의 이해를 가격에 적절히 반영할 수 있다.

반면 단점은 현실적으로 회사의 미래 수익 창출 능력을 평가할 때 매각하는 기업 측의 자의성이 개입되기 때문에 미래현금흐름 추정치에 대한 객관성이 부족해져 평가 결과에 대해 제삼자의 이해를 구하기가 어렵다는 점이다.

시장 접근법

평가 대상 회사와 유사한 업종의 상장회사를 선정하여 그 회사의 주가가 주당순이익과 순자산의 몇 배인지 등을 조사해 대상 회사를 평가하는 데 이용하는 방법이다. 이 기법은 유사 업종에 대한 주식시장의 거래 실태가 주주 가치에 반영되어 이해성이 높다는 장점이 있는 반면, 개별 회사의 특수성을 고려할 수 없다는 단점이 있다.

순자산 접근법

대차대조표에 계상된 자산이나 부채를 토대로 평가하는 방법이다. 이 기법은 재무제표의 대차대조표를 바탕으로 하며, 객관성이 높다는 장점이 있다. 현재 채산성이 낮고 미래현금흐름을 전망할 수 없는 회사를 매수할 경우에는 순자산 접근법을 이용해 현재의 청산 가치를 산정하는 것이 합리적이다.

반면 어디까지나 일정 시점의 자산과 부채에 대한 환금 가치이며, 회사의 미래 수익 창출 능력이나 시장의 거래 실태를 전혀 반영하지 않는다는 단점이 있다.

각각의 기업가치평가 기법은 다시 세분되고, 그 밖에 글로벌 시장을 타깃으로 하는 회사에 주로 적용하는 EBITDA 배율법이라는 기법도 있는데, 여기서는 설명을 생략하기로 한다.

이런 기업가치평가 이론을 잘 활용하면 당사자끼리의 가격 협상 과정에서 상호 이해를 돈독히 하고 합의를 위한 건설적인 타협을 도모할 수 있다. 이때 기업가치평가 이론을 근거로 '매매 대상 회사의 어떤 점을 평가할 것인가?'에 대해 합의하고, 가장 적합한 평가법을 선택하면 협상 테이블에 현실적인 매매 가격을 올릴 수 있다.

이런 평가 기법들이 없으면 각자의 입장만 주장하고 협상은 계속 평행선을 달리게 된다.

장부상에 드러나지 않는 가치에 대해 회계 처리하는 법

M&A를 할 때 사전에 회계적으로 고려해야 할 중요한 논점이 있다. 그것은 '영업권'의 회계 처리에 관한 것이다. 영업권이란 어느 회사를 인수할 때 인수 금액이 매각 기업의 '자산에서 부채를 공제한 금액'을 웃돌 경우의 차액을 말한다.

예를 들어 순자산(자산-부채)이 20인 회사를 인수하면서 50을 지불했다면, 차액 30은 대차대조표상에 계상되지 않는 어떤 가치에 대해 지불한 것으로, 이를 '영업권'이라고 한다.

회사가 보유하는 가치 중에는 자산이나 부채처럼 대차대조표에 계상되는 것 외에 대차대조표에 계상할 수 없는 가치도 있다. 예전에는 영업권을 '브랜드 가치'나 '초과수익력'이라고 부르기도 했고, 대차대조표에서는 인식힐 수 없는 것이라고 막연하게 받아들였다.

그러나 영업권은 그 외에도 다양한 이유로 발생할 수 있다. 이를테면 매수 기업이 기존 사업과 인수하려는 사업과의 사이에 시너지가 날 것을 기대하고 거액의 인수 대가를 지불하는 경우, 그 본질은 사업 간의 시너지에 있다. 또 매각 기업의 지배권을 획득하는 방식의 매수일 경우 인수 금액에 '지배권 획득'이라는 프리미엄이 추가된다.

영업권에 대한 회계 처리는 기업 매수 후의 연결결산에 미치는 영향이 매우 크다. 같은 인수 대가라 하더라도 그중 매각 회사의 영업권이 10이냐, 40이냐에 따라서 매수 후의 연결결산에 미치는 영향이 크게 달라지는 것이다. 따라서 M&A를 통해 기업을 매수할 때는 매각 회사의 대차대조표를 자세히 조사해야 한다. 순자산을 웃도는 인수 대가를 지불할 경우 영업권이 얼마인지, 영업권을 몇 년 안에 상각할 것인지, 감손 회계가 적용될 가능성은 없는지 등을 사전에 검증해야 한다.

이는 결국 기업을 매수할 때 사전에 '매각 대상의 어떤 점에서 가치를 찾을 것인지', '그것을 얼마에 인수할 것인지'를 자문하는 것으로, 이를 통해 인수 가격을 신중하게 결정할 수 있다.

이처럼 M&A 업무는 기업의 전략 실무 중에서도 매우 거친 업무다. 숫자의 단위도 크고 시간적 제약까지 있는 상황에서 수많은 위험을 파악하고 다양한 사항들을 판단해야 한다. 성공만 하면 투자 후 성과를 얻기까지 많은 시간을 단축할 수 있다. 반대로 대상 사업과 관련된 위험을 간파하지 못한 상태에서 매수하면 훗날 거액의 손실이 뒤따르게 된다.

그런 매수에 따르는 위험을 회피하려면 대상 사업에 대한 기업 실사를 철저히 하고, 적정 가격으로 매수해야 한다. 이를 위해서는 회계, 전략, 법률, 재무 등 기업 안팎에 있는 인재들을 적재적소에 배치하고 팀워크가 제대로 작동하도록 관리해야 한다. 또 M&A 진행 과정에서 매 순간 협상의 당초 목적을 잊지 않도록 해야 한다.

시한폭탄 같은 결함을 발견하기 위해
꼭 확인해야 할 것

사업을 매수 또는 매각할 때 실시하는 기업 실사는 매수 금액을 산정하거나 미래의 위험을 회피하기 위한 매우 중요한 절차다. 비즈니스 측면에서는 대상 사업의 경쟁력을 정확하게 파악하고 매수 후의 경영 계획을 구상하기 위해서라도 반드시 필요하다. 법률 측면에서는 대상 사업이 어떤 지적재산권을 보유하고 있고, 법적 다툼의 위험은 없는지 등을 중점적으로 확인한다. 재무 측면에서는 대상 사업이 떠안고 있는 불량 자산을 정확하게 심사하고 부외부채(장부에 계상되지 않는 부채)를 의도치 않게 계승하는 것을 방지하며, 매수 대상 사업의 가격을 비싸게 산정하지 않는 것을 목표로 둔다.

기업 실사에서 매수자가 미심쩍어 하는 부분이 있을 경우 매각자는 최종 계약서에 '그 사항에 관하여 위험이 없어야 한다'라고 표시함으로써 그 사실을 보증해 한다. 만약 거래 후 매각자가 보증 조항을 위반한 것이 발각되면 매수자는 손해배상을 청구할 수 있다. 이런 상황은 매각자도 바라지 않는다. 때문에 기업 실사 시에는 매각자와 매수자 양쪽이 정보를 원활하게 교환함으로써 대상 사업에 대해 정확하게 인식한 후 계약을 성사시켜야 서로에게 이익이다.

기업 실사를 할 때는 기한을 정한다. 일반적으로 짧게는 2주, 길게는 2개월 정도로 정하는데, 매수자에게는 이 '시간'이 가장 큰 제약이 된다. 따라서 이 기간을 얼마나 확보하는가에서부터 이미 협상이 시작된다고 볼 수 있다.

예전에 매수 목적으로 한 회사를 실사한 적이 있다. 매수 대상 회사에 도착해 고위 임원과 간단한 미팅을 마친 뒤 실사 팀은 매각 회사 담당자들과 기업 실사 장소로 이동했다. 그 건물은 매각 회사의 옛 본사 건물로 당시 사용하지 않고 있던 탓에 한겨울이었지만 난방이 전혀 안 되고 있었다. 너무 추워서 실내인데도 모두가 코트를 입고 서서 동동걸음을 쳐야 했다.

먼지로 뒤덮인 테이블에 아무렇게나 쌓아놓은 서류더미를 보면서 적어도 현장에서는 실사 팀이 환영받지 못하고 있다는 사실을 깨달았다. 사실 이는 매각 회사에서 흔히 벌어지는 풍경이다. 본사는 사업을 매각하고 싶어 하지만 현장에서는 매각을 바라지 않는 경우에 이런 일이 벌어진다.

기업 실사 사례 중에는 천재지변이나 피치 못할 이유 등을 대며 실사 목적으로 마련한 사무실을 폐쇄한 경우도 있었다. 물론 사태가 수습된 후 다시 기업 실사를 이어갈 수 있었지만, 그 매각 회사는 사무실을 폐쇄하면서 잡아먹은 시간을 연장해주지 않았다.

매수하려고 하는 회사의 대차대조표를 살펴보다가 재고자산 중 재공품(제품 또는 반제품이 되기 위해 현재 제조 과정 중에 있는 재고자산)이 과다하게 잡혀 있는 것을 발견한 적도 있었다. 유통회사인데 재공품 액수가 그렇게나 많이 계상되어 있는 게 이상해서 이 제품이 무엇인지 보고 싶다고 했더니 그 회사 공장이 아니라 스페인에 있는 창고에 있다고 했다. 재공품이라는 것은 보통은 공장에 두지 외부 창고에 맡기지 않는다. 아무래도 이상해서 실사 팀은 급하게 스페인으로 날아갔다. 간신히 어느 작은 마을의 항만 근처에 있는 창고에서 그들이 말한 재공품을 발견했는데, 보관 상태가 좋지 않았고 제품이 많이 훼손돼 있었다.

그런데도 상대편 담당자는 기가 죽기는커녕 '이건 미완성품이라 그렇다. 아무 문제 없다'라고 말했는데, 그 태도가 너무 비협조적이고 악의적이라 협상 자체를 재검토해야 했다.

매수 회사 측에서 그때 알아채지 못했다면 나중에 불량 재고가 발각되더라도 재공품이라고 기재했던 것을 이유로 매각 회사에서는 책임을 회피하지 않았을까? 엄연히 '재공품'이라고 기록되어 있는데도 그 자산을 자세히 조사하지 않은 매수자의 잘못이라고 항변하면서 말이다.

국내 기업끼리 M&A를 할 경우에는 업계 평판을 생각해서 이렇게까지 심하게 굴지는 않는다. 하지만 글로벌 M&A에서는 이런 일이 종종 일어나기도 한다. 이때 정확하게 확인하지 않고 상대편만 믿고 진행했다가는 정말로 호되게 당할 수 있다.

M&A의 가장 큰 위험은 매수 대상이 지금껏 다른 사람이 경영해온 사업이라는 점에 있다. 빈틈없이 정비한 반짝반짝 빛나는 새 차가 있는가 하면, 내부에 빼도 박도 못 할 시한폭탄 같은 결함을 안고 있는 차도 있다. 예측하지 못한 사태를 피하려면 미심쩍은 점을 철저히 조사할 각오를 해야 한다. 그런 의미에서 기업 실사의 포인트는 철저한 현장주의이며, 담당자에게는 미래의 예측하지 못한 손실을 반드시 사전에 찾아 방지하겠다는 집념이 필요하다.

매각 회사가 기업 실사에 충분히 협조하지 않아 추가 조사를 의뢰했는데도 진지하게 응하지 않는 경우라면 그 안건에서는 그대로 손을 뗄 것을 권한다. 매각 회사가 협조적이지 않은 데는 그 만한 이유가 반드시 있고, 그런 이유로 사업에 실패한 것이기 때문이다.

4장

업무를 장악한 팀장은 '예산'과 '목표' 숫자에 친숙하다

회사가 중기 경영 계획을 달성하려면 무엇보다 그 숫자 목표가 사업 부서, 해당 팀에서 달성 가능한 목표여야 하며, 이를 위해서는 현장을 알아야 한다. 지나치게 높은 영업 목표나 실현 불가능한 예산 등은 현장의 의욕을 저하시켜 조직을 파괴한다. 이 장에서는 기업 예산의 의의, 책정 방법에 대해 다룬다.

회사가 이익을 계상하는 데 필요한 손익분기점이나 최적의 경비 구조가 궁금하다면 CVP 분석 기법을 권한다. 한편 예산 달성과 직결된 현장의 실현 계획을 책정할 때는 BSC 기법을 이용하면 유용하다.

일 잘하는 팀장이 숫자를 장악하는 첫 관문, 예산 파악

회사가 책정하는 예산은 중기 경영 계획과 함께 회계와 경영전략을 연결해주는 중요한 요소다. 회사는 중기 경영 계획을 책정함으로써 3~5년 후 회사의 이상적인 모습을 그린다. 이는 경영진이 투자가나 채권자에게 약속하는 회사의 미래상이다.

그런데 아무리 새로운 사업 분야에 대한 투자와 매출액, 총자산이익률 목표를 내걸더라도 그 사업 역시 현재 회사의 경영 상태와 연장선상에 있는 것이다. 현재의 상태를 기반으로 꿈을 실현하기 위해 전략 지원은 어떻게 하고, 시간축 목표는 어떻게 설정할 것인지에 관한 내용이 반드시 있어야 한다. 중기 경영 계획에서 달성 목표란 현재 상태에서 꾸준히 노력한 결과 달성하고자 하는 '회사가 미래에 되고 싶은 모습'을 의미한다.

하지만 실제로는 상장회사라 해도 중기 경영 계획의 숫자 목표를 달성하지 못하는 경우가 종종 있다. 회사의 미래상은 명확하지만 현재의 회사와 괴리가 너무 커서 목표를 달성하려면 어떻게 추진해야 할지 모르는 것이다. 원래 대부분의 경영자는 회사의 현재 상태를 대충 인식하는 것이 사실이다. 사업 이익률이나 투자 효율에 대한 인식이 너무 구식이거나 경리 부서의 말만 믿고 직접 숫자를 보며 왜 그렇게 되었는가를 깊이 생각하지 않는다. 회계적 지표를 보며 객관적으로 문제를 파악하지 못하는 탓에 중기 경영 계획에 현재의 경영 과제가 포함되지 않는다. 이런 상황을 만들지 않기 위해서라도 중기 경영 계획을 연 단위 행동 계획으로 쪼개 현재 상태의 연장선상에서 미래를 구상해야 한다. 최근에는 대부분 향후 3년간의 중기 경영 계획을 세우는데, 이 3년의 계획을 회계연도별로 세분해 실행해 나가야 한다.

예산 제도는 이렇게 연 단위로 진척·관리되는 중기 경영 계획의 핵심으로, 수치적인 근거에 따라 구체화된 것을 말한다. 즉 각 사업부나 과가 얼마나 많은 매출액을 계상하고 경비를 얼마나 사용해서 이익을 얻는지를 나타낸다. 그런 의미에서 회사는 예산으로 움직인다고 해도 결코 과언이 아니다.

기관투자가는 투자한 회사의 중기 경영 계획이나 연도 결산에만 주목한다. 하지만 사업부나 과를 책임지는 팀장이라면 중기 경영 계획은 잘 몰라도 자기 부서의 예산만은 머릿속에 주입하고 있어야 한다. 이는 예산 달성이야말로 개인의 업적 평가와 직결되기 때문이다. 이런 이유로 사업부에서는 월별, 분기별, 연노별 예산 목표를 달성하기 위해

심혈을 기울인다.

예산의 내용은 매출 목표와 경비 예산, 투자 계획(예산)과 자금 평가로, 1년 동안 회사의 이익과 현금흐름을 나타낸 수치 계획이다.

그렇다고 해도 예산이라는 것은 회사마다 각각 다르다. 예산의 핵심은 같더라도 사업의 성질이나 규모, 시장 상황이나 자사의 위치 등에 따라 분석하는 관점이 다르며, 개선책도 다르다. 예산과 실적을 비교분석한 자료를 살펴보면 그 회사가 어떻게 현상 인식을 하고 있고, 어느 정도의 문제 해결 능력을 보유하고 있는지 예측할 수 있다.

예산을 적절히 운용한다는 것은 중기 경영 계획을 하나씩 달성해 간다는 것이고, 그것은 일상에서 매일 꾸준히 이익 관리 기능을 수행한다는 의미이다.

도표 13 | 중기 경영 계획과 예산의 관계

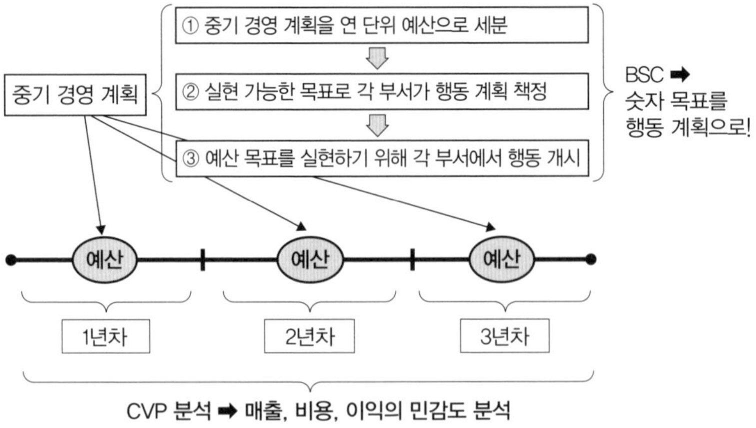

연 단위 예산으로 전개할 수 없는 계획은 그림의 떡

예산의 가장 큰 장점은 중기 경영 계획과 연 단위 행동 계획을 연결하여 회사의 이상적인 미래상과 그것을 실현하기 위해 현장에 필요한 행동을 결부시킨다는 데 있다. 다시 말해 연 단위 예산으로 전개할 수 없는 중기 경영 계획은 실현될 가망이 없는 '그림의 떡'일 뿐이다. 이렇듯 중기 경영 계획과 연 단위 예산, 현장의 행동 계획이 잘 연결되지 않는 회사가 많다. 중소기업의 경우는 사내에 중기 경영 계획이나 예산을 만드는 노하우가 없기 때문이고, 대기업의 경우는 외부 투자가에게 좋은 평가를 받으려고 중기 경영 계획을 지나치게 희망적으로 잡기 때문이다.

중기 경영 계획을 책정한 이상, 그것을 달성해야 의미가 있다. 이를 위해서는 중기 경영 계획을 현상에서 이해알 수 있노록 각 부서별도 예산을 책정하고 해당 연도에 달성해야 할 이익 목표를 공유해야 한다. 그러면 비로소 조직의 구성원들은 각자의 역할을 인식하고 목표 달성을 위해 노력하기 시작한다. 이런 사내 커뮤니케이션은 회사가 경영 목표를 달성하는 데 반드시 필요한 과정이다.

사업 규모가 관계회사를 포함해 수백 억 엔이 넘고 직원이 천 명 이상인 기업일 경우 사내 커뮤니케이션은 훨씬 더 중요하다. 규모가 이렇게 커지면 경영자와 현장 사이의 거리가 멀어진다. 물리적 거리는 물론 의사 결정 측면에서도 그렇다. 경영자가 아무리 현장을 중시한다 해도 현장의 의견을 다 듣기가 어려워진다. 그러다 보면 현장에서는 중기 경영 계획을 두고 '계시', '신탁'이라고 부르며 공공연하게 야유하는 경우도 있다. 중기 경영 계획을 본사가 독단적으로 책정해 현장의 신뢰를 얻지 못하면 이렇게 된다.

중기 경영 계획 목표가 지나치게 높으면 예산 목표를 달성하려고 해도 현장의 행동 계획에 반영할 수가 없다. 그렇다고 예산 달성을 위해 숫자 목표를 낮게 잡으면 그 중기 경영 계획은 투자가로부터 냉정한 평가를 받게 된다. 따라서 중기 경영 계획과 예산을 적절하게 조정할 필요가 있다.

반면 예산은 때로는 환경 변화에 대한 회사의 기동력 있는 대응을 방해한다는 단점이 있다. 회사의 예산은 새로운 회계연도가 시작되기 몇 달 전에 큰 틀을 잡는다. 예산을 한번 책정한 후 뚜렷한 환경 변화가 없는 경우, 사업 규모가 작은 회사는 회계연도 중간에 예산을 재검토할 수도 있다. 그러나 관련된 자회사가 많은 대규모 복합 사업체의 경우는 회계연도 중간에 예산을 다시 편성하기가 현실적으로 쉽지 않다. 2008년에 리먼 브라더스 사태가 일어났을 때 대부분의 회사가 전년도의 같은 달에 비해 매출이 10~30퍼센트 감소했다. 그러나 수많은 회사가 예산에 발이 묶여 경비 예산이나 투자 예산을 재검토하지 못했고, 환경 변화에 대응하지 못해 적자의 늪에 빠졌다. 즉 예산 때문에 회사가 너무 경직되게 되면 회사가 환경 변화에 대처할 타이밍을 놓치게 된다는 것이 예산 제도의 한계다.

예산 책정은
어떻게 하는가?

예산 체계에 대해 알아보자.

회사는 목표 이익을 달성하기 위해 손익 예산을 가장 중시한다. 손익 예산은 판매, 제조 경비, 일반관리비부터 영업외비용에 이르기까지 목표 이익을 달성하기 위해 세분한 기능별 예산이다.

손익 예산에서는 본업으로 얻는 영업이익 외에도 이자 및 배당금 등 금융 거래를 포함한 경상이익, 또 비경상적인 특별손익이나 세금비용을 가감한 당기순이익까지 계획한다.

이에 비해 투자 예산은 본업에 투자하는 설비 예산과 남는 자산의 운용에 관한 투융자 예산으로 나눌 수 있다. 설비 예산은 제조업의 기계장치나 서비스업의 점포 전개 등 본업의 수익성 향상에 장기적으로 공헌하는 투자다. 보통은 대차대조표에 고정자산으로 계상되며, 감가상각을 통해 비용으로 처리된다. 투융자 예산은 남는 자금을 운용하는 것이라서 유가증권이나 대출금 등 금융 상품에 투자된다.

일반적으로 손익 예산에서 전망한 자금 유입을 밑천으로 설비투자를 하는 것이 건전한 자금 흐름 방식이다. 하지만 손익 예산과 투자 예산을 조정한 결과, 자금이 부족할 듯하면 외부에서 자금을 조달해야 한다. 손익 예산은 연 단위로 잡지만 투자 예산은 다년간의 계획을 잡는다. 또 손익 예산이나 투자 예산을 종합하여 연 단위 예상 대차대조표, 예상 손익계산서, 예상 현금흐름표를 작성하는 것이 이상적이다.

예상 손익계산서는 이익과 직결되므로 대부분의 회사에서 작성한다. 그런데 예상 대차대조표는 경영관리에 서투른 회사에서는 작성하지 않는 경우가 많다. 이는 예상 대차대조표에는 매출채권의 회수 기간이나 고정자산의 감가상각 등 다양한 조건이 반영돼야 하기 때문이다. 자금 조달 계획은 몇 년 뒤를 예측해서 세우는 것이고, 은행에서 자금을 빌리는 데는 손익계산서뿐 아니라 대차대조표가 큰 영향을 끼친다. 그래서 중·장기적으로 원활하게 자금 조달을 하기 위해서라도 미래의 대차대조표를 예상하며 진행할 것을 권한다. 이는 경영자가 설명 책임을 이행하는 데 있어서도 매우 중요하게 작용한다.

예산을 책정하는 방법에는 경영진이 포괄적·단독적으로 결정하는 '할당형', 현장 담당자가 참가해서 완성하는 '참가형', 경영진과 현장 담당자가 함께 완성하는 '절충형'이 있다.

'할당형'은 중·장기적 목표를 책정하는 경영자가 예산까지 책정하므로 중기 경영 계획과의 조정을 쉽게 할 수 있다는 장점이 있다. 반면 숫자 목표 위주로 책정되기 쉽고, 현장에서 인식하는 경영 정보가 위로 올라가지 않아 달성할 수 없는 예산이 책정되기 쉽다.

이에 비해 '참가형'은 현장 담당자가 예산 책정에 참가하기 때문에 현장에 동기부여가 되며, 평소 생각하던 업무 개선과 관련된 아이디어를 함께 논의할 수 있다. 하지만 너무 현장의 자유에 맡기면 책임을 회피하는 심리가 작용해 예산을 확실하게 달성할 수 있는 범위에서 보수적으로 잡을 수 있고, 도전정신이 결여될 수도 있다.

두 가지를 조합한 '절충형'은 먼저 최종 목표 수치를 경영자가 제시하고, 그 구체적인 달성 방법과 예산 할당에 관해 현장과 공유하는 방식이다. 그래서 예산 책정에 시간이 걸리지만 경영자와 현장이 서로 공유하며 책정한 만큼 완성되면 만족도 높은 결과가 나올 수 있다.

예산이 달성될 가능성이 가장 높은 것은 보통 참가형이고, 그다음이 절충형, 그리고 할당형 순이다. 참가형은 말할 것도 없이 실제로 매출을 올리는 현장의 의견을 최대한 반영하기 때문에 달성 가능성이 그만큼 높다. 반대로 할당형은 상부에서 목표 숫자가 내려오는데, 그에 대해 아무런 설명도 없는 경우가 대부분이다.

만약 할당형으로 예산을 책정하는 경우라면 경영자가 그 목표 숫자가 갖는 의미와 달성 방법, 기본 방향성과 사업 전략 등에 대해 직원들에게 반드시 설명해야 한다. 그렇게 하지 않으면 현장에서 그 본질을 이해하지 못하는 탓에 목표 달성을 위한 추진력이 낮아진다.

대부분의 회사는 예산 책정에 이 할당형 방식을 채용하며, 그 후속 조치는 하지 않는다. 그로 인해 많은 회사들이 목표를 달성하지 못한다. 그러므로 어떤 식으로든 예산 책정을 하며 매출 목표를 잡았다면, 그것을 어떻게 달성해야 하는지에 대해 경영자와 현장이 시행착오를 겪어가며 논의해야 한다. 어떻게든 매출 목표를 달성하겠다는 현장의 강력한 의지를 끌어내지 못하면 목표는 달성되지 않는다.

현장 관점에서 너무 혹독한 예산 목표를 설정하는 것은 경영진에게 현장 감각이 부재하다는 것으로, 이럴 때 현장은 이에 반발하거나 서둘러 예산 달성을 포기하기도 한다. 이렇게 되면 조직의 행동력은 저하되고 목표 미달이 일상화되기 때문에 예산 책정을 할 때는 언제나 신중을 기해야 한다.

예산 책정 과정에서는 무엇보다 현장이 목표 숫자의 중요성을 인식하고, 어떻게든 달성하려고 하는 사고방식이 중요하다. 따라서 목표 숫자를 대표가 제시하고 그것을 확정하는 과정에서 경영자와 현장이 소통하는 절충형 방식이 가장 이상적이다. 이를 위해서는 경영자도 현장의 의견을 듣고 이해할 수 있는 점은 받아들여 목표 숫자를 조정해야 한다. 또한 목표 달성을 위한 구체적 시책에 대해 노사가 함께 논의하는 것이 중요하며, 이는 훗날 큰 의미를 갖는다.

이 방식은 예산을 책정하는 데 시간이 꽤 걸리기 때문에 경영자와 관계자들의 시간을 많이 빼앗는다는 것이 단점으로 지적되기도 한다. 하지만 원래 회사가 예산 책정에 공을 들이는 것은 당연하며, 본질적인 의미에서는 단점이라 할 수도 없다. 특히 예산관리를 담당하는 회계 부서의 경우는 예산 책정에 정면으로 임할 각오를 해야 한다.

이익을 내는 회사의
예산 책정 노하우

예산을 적정하게 설정하고 운용하기 위해서는 예산 운용 사이클을 돌릴 필요가 있다. 이를 '예산관리'라고 부르며, 그 운용 사이클은 책정(Plan), 실행(Do), 차이 분석(Check), 개선(Action)의 과정을 거친다.

예산 책정은 빠르면 예산 기간이 시작되기 수개월 전에 착수한다. 그 시점까지의 경영 성적과 재정 상태를 토대로 각 부서의 매출 목표부터 발생 경비, 설비투자 예산을 짜서 중기 경영 계획에 적용해 조정한다. 절충형 예산 책정 방식의 경우 첫 예산안이 현장으로 내려오면 각 사업부에서 의견을 내고, 이를 참고하거나 조정한 후 이사회에서 최종적으로 결정한다.

회계연도가 시작되면 각 부서에서는 예산을 근거로 수립한 여러 시책을 실행한다. 구체적으로는 목표 매출에 따라 예산 범위 내에서 투자를 하거나 경비를 지출하고, 주어진 경영 자원을 최대한 활용해 예산 달성을 위한 경영 활동을 전개한다.

회계연도가 시작되면 드디어 기업 활동의 성과가 실적으로 나타난다. 이 예산 대비 실적 분석은 월별로 실시하는데, 여기서 가설 검증, 새로운 경영 관련 변수 인식, 개선안 책정을 위한 중요한 정보를 얻을 수 있다. 이사회에서도 이 자료를 가지고 여러 가지 논의를 하며, 향후의 경영 방침을 결정하기 위한 열띤 토론을 벌인다.

또 월별로 예산과 실적을 비교하고, '어떤 이유로 예산을 달성했는가' 또는 '달성하지 못했는가', 그 요인을 최대한 치밀하게 분석한다. 당초의 가설과 예상한 경영 환경에 변화가 생긴 경우에는 여러 시책을 다시 검토해 상황 변화에 대처해야 한다. 이런 과정은 일정한 운영 사이클(Plan → Do → Check → Action)을 그리게 되는데, 이 사이클은 예산 책정 단계의 가설을 검증하고 예산을 달성하기 위한 행동 계획을 늘 최적화하는 것이 목적이다.

예산 대비 실적 분석 단계에서는 예산 책정의 타당성이 여실히 드러난다. '왠지 모르게', '희망적으로' 예산 매출 목표 등을 책정하면 실적과의 차이를 분석하려고 해도 제대로 되지 않는다. 논리적인 분석이나 근거를 바탕으로 매출 목표를 세운 것이 아니기 때문에 목표를 달성하지 못하더라도 가설을 재검증해 차이가 나는 원인을 특정할 수가 없다.

반면 경영관리를 잘하는 회사는 예산을 책정할 때 사업부별 판매 지역별, 거래처별, 제품별, 판매 수량과 판매 단가별로 매출 목표를 쥐

합한다. 이렇게 하면 실적과 차이가 나는 원인을 분석하기가 쉽다. 실적 매출이 예산 목표에 미치지 못하더라도 어느 사업부, 어느 판매 지역, 어느 거래처, 어떤 제품에서 얼마나 떨어졌기에 목표 매출을 달성하지 못했는지 그 원인을 세분해 특정할 수 있기 때문이다. 또 CVP 분석을 이용해 비용을 고정비와 변동비로 분해하면 남은 기간 동안 손익분기점까지 매출이 얼마나 더 필요한지, 비용을 얼마나 더 절감해야 하는지를 예측할 수 있다.

예산 계획과 실적이 동떨어진 원인을 구체적으로 특정하면 '가설의 재검토' 또는 '새로운 경영 관련 변수의 발생' 등 앞으로 대처해야 할 과제가 드러나기 때문에 개선 방향을 결정하기가 쉽다. 그런데 예산 책정 자체가 엉성하면 '전체 조직과 사업부 수준에서는 매출 목표 미

도표 14 | 예산 운용 사이클

단계	행동	시기
책정 (Plan)	예산 목표를 제시하고 그것을 어떻게 달성할 것인가, 매출 목표의 부문 간 할당 및 경비 구조, 목표 이익을 명확하게 설정한다.	예산 기간 수개월 전
실행 (Do)	각 부서에서 예산을 책정할 때 머릿속에 그린 모든 시책을 실시하여 경영 자원을 최대한으로 활용하고 예산 달성을 위한 활동을 실행한다.	예산 기간
차이 분석 (Check)	월별 예산과 실적의 차이를 비교해 차이를 분석한 후 가설을 재검증하여 문제점을 특정한다.	예산 기간 후 월별, 분기별, 연도별
개선 (Action)	문제점 해결을 위한 개선안의 피드백을 예산에 포함한다.	위와 동일

달입니다'라는 주먹구구식 분석만 할 뿐 문제점을 특정할 수 없다. 문제점을 모르면 당연히 개선책도 찾기 어렵다. 결과적으로 예산 목표 미달에 대한 개선책을 조기에 찾지 못하게 되고 예산 자체가 의미가 없어진다.

이처럼 예산 계획은 얼마나 구체적인 가설과 현실적인 숫자 목표를 근거로 치밀하게 책정했는가, 얼마나 성실하게 숫자와 직면했는가에 따라 실제 달성한 숫자와의 차이가 크게 달라진다. 예산 책정에 진지하게 임해서 중기 경영 계획을 달성하기 위한 지표로 삼을 것인가, 대충 넘겨서 목표를 잃고 헤맬 것인가? 예산 제도의 유용성은 각 회사의 마인드에 달려 있다.

직원들이 목표를 이루려는 의욕을 갖게 하는 법

예산 제도를 활용해 최대한 성과를 올리려면 몇 가지 조건이 충족되어야 한다.

무엇보다 예산 제도를 공들여 만들어야 한다. 앞에서도 말했지만 회사의 실태와 목적에 따라 독자적인 예산 제도를 만드는 것이 중요하다. 예산 제도는 관리회계의 핵심이며, 각 회사의 경영 방침이나 사업 환경에 따라 그 결과에 독자적인 경영 노하우가 응축되게 된다.

예를 들어 예산은 사업부의 채산성 평가나 사업 부장의 업적 평가 등 다양한 의사 결정에 활용되는 기초 자료가 된다. 따라서 예산 제도의 규정이 불공정하고 납득할 수 없는 기준이라면 진정한 의미에서 조직 내에서 받아들여지지 않는다.

본사 비용과 사내 이자 배분 기준의 경우, 불공정하고 불투명한 느낌이 들면 현장 직원에게 예산을 달성하고자 하는 의욕이 생기지 않는다. 조직 구성원에게 예산을 달성하겠다는 동기가 부여되려면 기본적으로 예산 제도를 신뢰해야 하는데, 이때 반드시 공들여 만든 제도가 필요하다. 특히 본사 비용 배분 기준이나 업적 평가 지표 등은 사업부, 사업 부장 평가와 직결되는 만큼 명확하고 공정한 기준이 마련되어야 한다.

예산을 책정하거나 실적을 집계할 때의 역할 분담, 보고 기한, 보고처 결정도 예산 제도의 일부분이다. 이런 것들이 확실하게 규정되어야 예산 제도가 제 기능을 발휘한다.

예산 제도는 인간의 몸으로 말하자면 몸의 구석구석까지 뻗어 있는 신경과 같다. 발끝에서 뇌로 정보가 막힘없이 전달되고, 또 뇌에서 내린 지시가 손발까지 저절로 전달되듯 자연스럽게 설계해야 한다.

이렇게 책정한 예산이 회사에 뿌리내리려면 예산에 대한 이해가 필수적으로 동반되어야 한다. 당연하지만 경영자부터 부서·과의 현장 담당자에 이르기까지 예산 제도의 중요성을 이해하고 모두 함께 목표를 달성하고자 하는 기업 문화가 조성되지 않으면 예산은 있으나 마나 한 것이 되고 만다. 그렇게 되지 않게 하기 위해서는 특히 경영자의 예산 달성에 대한 의지가 큰 의미를 갖는다. 경영진이 남다른 결의를 가지고 예산 달성을 성취 목표로 삼지 않으면 회사에 예산을 존중하는 분위기가 조성되지 않고, 목표 미달성이 일상화된다. 이는 경영진이 경영을 장악하지 못했다는 의미이기도 한다.

더욱 치밀한 수익 관리를 위해 손익분기점을 명확하게

CVP 분석은 예산 제도와 함께 활용하면 더욱 치밀하게 수익을 관리할 수 있는 기법이다. CVP 분석이란 Cost(비용), Volume(매출, 조업도), Profit(이익)의 관계를 말하며, 비용을 고정비와 변동비로 분해해 일정한 매출액으로 목표 이익을 달성하기 위해 필요한 정보를 제공한다.

예산 대비 실적 분석에서 매출이 목표 숫자에 도달하지 않을 경우, 또는 비용이 예산을 초과한 경우는 결과적으로 계획 단계에서 예산을 제대로 잡지 못했다는 뜻이다. 그렇다면 남은 회계기간 동안 매출을 얼마나 더 올릴 수 있을까? 그것이 손익분기점에 미치지 않는 경우에는 비용을 얼마나 절감해야 할까? 이처럼 매출 목표 인하와 비용 절감은 한 세트다. 그렇다면 매출이 부족한 가운데 적자를 피하려면 비용을 얼마나 절감해야 할까?

같은 비용이라 해도 매출과의 관계에 따라 그 형태는 다양하다. 즉 매출액이 증가해도 변함없는 고정비가 있는가 하면, 매출액에 비례해 증가하는 변동비도 있다. 이 매출액 대비 비용 발생의 속성을 일정한 기준으로 분류해 손익이 정확하게 0이 되는 매출액을 예측하는 것을 '손익분기점 분석'이라고 한다.

일단 회계연도가 시작되면 현장에서 단기적으로 취할 수 있는 시책은 한정적이다. 사업 분야 선별이나 대형 설비투자에 관한 의사 결정은 경영진에서 하며, 현장에서는 그 기본 방침에 따라 주어진 경영 자원을 효율적으로 활용해 연간 예산을 달성하기 위해 애쓴다. 하지만 똑같은 비용을 들이더라도 조업도에 비례해 부과되는 변동비적 성격의 계약을 할 것인지, 매출액과 상관없이 일정액이 발생하는 고정비적 성격의 계약을 할 것인지에 관한 계약 내용과 거래처 선정은 현장에 맡길 수 있다. 매출 전망에 따라 비용 구조를 고정비화할 것인지 변동비화할 것인지를 판단하고, 그에 따라 같은 매출액이라도 이익을 키울 수도 있고 손실의 폭을 최소화할 수도 있다.

손익분기점을 분석하려면 가장 먼저 비용을 변동비와 고정비로 분해해야 한다. 일반적으로 매출원가는 물론 판매비 및 일반관리비 등의 영업비용까지 고정비와 변동비로 분해한다.

변동비란 매출이나 조업도에 따라 비례적으로 발생하는 비용이며, 직접 재료비나 성과급, 운반비 등이 여기에 해당한다. 반면 매출이나 조업도의 변화와 상관없이 발생하는 비용을 고정비라고 한다. 고정비는 이론적으로 매출이 0이라 해도 발생하고, 또 매출이 몇 배 늘어나도 똑같은 금액이 발생하는 비용이다. 건물의 감가상각비와 임차료, 보험료 등이 여기에 속한다.

그 밖에 준변동비와 준고정비가 있는데, 준변동비는 매출이 0이라도 일정액이 발생하고, 거기에 매출이 증가하면 비례해서 늘어나는 비용이다. 전혀 사용하지 않더라도 기본요금이 발생하는 통신비, 공장의 수도광열비 등이 여기에 해당한다. 준고정비는 매출이 일정한 범위 내에 있을 때는 고정적이지만, 그 일정 범위를 초과하면 증가하고, 또 그 범위 내에서 다시 고정적으로 발생하는 비용이다. 공장 폐기물 처리 비용, 전력비 등이 여기에 해당한다.

손익분기점 분석의 첫 단계는 각 비용을 발생하는 상태에 따라 정확하게 분류하는 것이다.

도표 15 | 비용의 분류

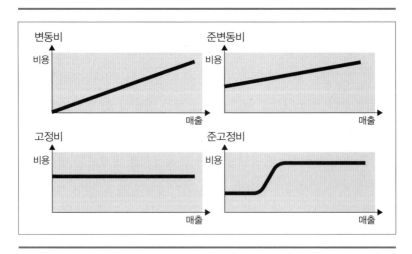

손익분기점을 뼛속까지 알기 위해 알아야 할 것들

뒤에 나오는 손익분기도표는 매출액이 변화함에 따라 비용과 이익이 어떻게 변화하는지를 나타내는 도표다. 가로축이 매출액과 조업도 등 회사의 활동량을 나타내고, 세로축이 수익과 비용을 나타낸다. 총비용 선은 고정비와 변동비의 합계이며, 0에서 시작한 매출액 선과 총비용 선이 만나는 점이 손익분기점이 된다. 손익분기점보다 위쪽에서 매출액 선이 총비용 선을 웃도는 부분은 이익을 나타내고, 반대로 손익분기점보다 아래쪽에서 매출액 선이 총비용 선을 밑도는 부분은 손실을 나타낸다.

이때 이익과 매출, 비용 사이에 다음의 등식이 성립한다.

① 이익=매출액-변동비-고정비

② 매출액－변동비=한계 이익

③ 한계 이익－고정비=이익

손익분기점 분석에서는 매출액에서 변동비를 뺀 것을 '한계 이익
(marginal profit)'이라고 하며, 이 한계 이익에서 고정비를 빼면 이익이
남는다.

그 결과 손익분기점의 매출액은 다음과 같이 구할 수 있다.

④ 손익분기점 매출액=고정비÷한계 이익률

일정한 목표 이익이 있을 경우 그 목표 이익을 얻기 위한 목표 매출
액은 다음과 같이 구할 수 있다.

⑤ 목표 매출액=(고정비+목표 이익)÷한계 이익률

손익분기점 분석에서는 실제 매출액이 손익분기점을 웃돌수록 여
유가 있어서 안전하다고 생각한다. 그 안전도를 지표화한 것이 '안전
한계율'이다. 매출액이 손익분기점을 초과할수록 안전한계율 수치는
높아진다.

⑥ 안전한계율=(실제 매출액－손익분기점 매출액)÷실제 매출액×100

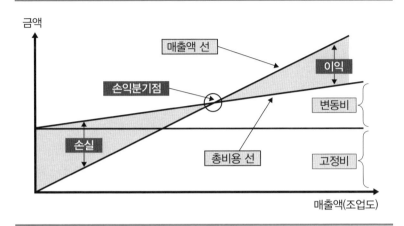

현상황에서 비용 구조를 최적화하려면

그렇다면 어떨 때 변동비 중심의 비용 구조가 적합하고, 어떨 때 고정비 중심의 비용 구조가 적합할까?

고정비 중심의 비용 구조는 매출 증가가 예상되는 국면에 적합하다. 매출이 증가해도 비용이 매출에 비례해서 증가하지 않기 때문에 비용 구조를 고정비화해 이익의 폭을 늘릴 수 있다. 반대로 손익분기점을 밑돌아 매출 감소가 예상되는 상황일 경우, 고정비 중심의 비용 구조에서는 손실도 커진다. 이런 경우 변동비 중심의 비용 구조를 채택하면 매출 감소에 따라 비용도 비례적으로 감소해 손실을 최소화할 수 있다.

이론적으로는 모든 경비를 변동비화하면 한계 이익이 발생하는 한 매출액이 0이라도 비용이 발생하지 않으므로 적자에는 빠지지 않는다. 그런 의미에서 고정비 중심의 비용 구조는 매출 증감에 대해 이익의 변동성이 커지는 '고위험 고수익(high risk high return)' 구조라 할 수 있다. 반면 변동비 중심의 구조에서는 환경 변화의 위험을 통제하는 대신 매출이 성장할 때도 이익이 한정되는 '저위험 저수익(low risk low return)' 구조가 된다.

어떤 사업이 손익분기점을 넘길 것인가?

여기서는 세 가지 사업을 산하에 둔 X사를 예로 들어 CVP 분석을 해보겠다.

X사는 차량 탑재용 레이더, 감지기 센서, 수신기 사업을 하고 있는데, 감지기 센서 사업에서 적자가 나고 있다(도표 17 참조). 차량 탑재용 레이더는 X사의 주력 사업으로, 한계 이익률이 60퍼센트가 넘는다. 제조와 판매에서 고정적인 인건비 등을 빼도 연구개발비 공제 전에 24억 2,500만 엔(한화로 약 276억 원)의 영업이익을 벌어들였지만, 아직 제품의 라이프 사이클이 성장기에 있어서 경쟁력을 유지하기 위한 연구개발비 지출이 많다. 그 결과 연구개발비를 공제한 후 영업이익이 7억 1,400만 엔(약 81억 4,000만 원)이다. 고정비를 일정하게 하면 손익분기점 매출액은 78억 7,600만 엔(약 897억 8,600만 원)이며, 현재 손익

분기점을 11억 8,000만 엔(약 134억 5,000만 원) 초과한다. 현재의 매출을 유지하면 고정비 7억 1,400만 엔이 증가해도 흑자를 유지할 수 있다. 이런 경비 구조를 띤 사업은 성장기에 있는 것으로, 일정한 경쟁력을 유지하고 있다는 것을 의미한다. 경쟁 업체가 물러나고 잔존자 이익을 얻을 수 있느냐가 앞으로의 실적을 좌우한다.

이에 비해 감지기 센서 사업은 자재비 비율이 49.5퍼센트로 높고, 한계 이익률이 44.5퍼센트로 침체 상태다. 게다가 고정적인 인건비와 연구개발비가 많이 올라서 7억 8,400만 엔(약 89억 3,800만 원)의 영업 손실을 계상했다. 손익분기점에 도달하려면 17억 6,300만 엔(약 201억 원)의 추가 매출이 필요한데, 이는 현재 매출액보다 42퍼센트 증가한 금액이다. 또는 매출 성장을 예측할 수 없는 경우 고정비 7억 8,400만 엔을 절감해야 영업이 흑자화된다. 성장기에 있는 시장에서 연구개발비와 인건비를 투입한 것보다 매출이 늘지 않는, 경쟁력이 낮은 '실패 사업'의 전형적인 경비 구조라 하겠다.

한편 수신기 사업은 세 사업 중 매출이 가장 낮지만 한계 이익률이 52.8퍼센트로 높고 무엇보다도 연구개발비와 인건비가 낮게 억제되고 있어서 영업이익이 9억 6,800만 엔(약 110억 3,500만 원)으로 전체 이익에 가장 많은 공헌을 하고 있다. 시장이 성숙한 가운데 성공을 거둬 연구개발비와 인건비 투자 비용이 필요 없어졌기 때문으로, 현재 그 성과를 거둬들이고 있는 중인 것이다.

이렇게 비용 구조를 고정비와 변동비로 분해해서 한계 이익률을 산정하고 손익분기점과 고정비를 절감할 방법을 모색함으로써 사업 별

(단위: 백만 엔)

비목	구분	차량탑재용레이더	매출대비	감지기센서	매출대비	수신기	매출대비	본사공통	3사업계	매출대비
매출액		9,056		4,160		3,105			16,321	100.0%
변동비								0		
	자재비	3,100	34.2%	2,059	49.5%	1,333	42.9%		6,492	39.8%
	판매비 외	477	5.3%	250	6.0%	134	4.3%		861	5.3%
	변동비 계	3,577	39.5%	2,309	55.5%	1,467	47.2%		7,353	45.1%
한계 이익									0	0.0%
	한계 이익	5,479	60.5%	1,851	44.5%	1,638	52.8%		8,968	54.9%
고정비									0	0.0%
제조	인건비	1,214	13.4%	651	15.6%	46	1.5%		1,911	11.7%
	감가상각비	1,317	14.5%	874	21.0%	191	6.2%		2,382	14.6%
	기타 경비	294	3.3%	178	4.3%	61	2.0%		534	3.3%
판매	인건비	57	0.6%	82	2.0%	25	0.8%		164	1.0%
	감가상각비	68	0.8%	76	1.8%	33	1.1%		177	1.1%
	기타 경비	104	1.1%	100	2.4%	11	0.4%		215	1.3%
관리	인건비							181	181	1.1%
	감가상각비							45	45	0.3%
	기타 경비							23	23	0.1%
	고정비 계	3,054	33.7%	1,961	47.2%	367	11.8%	249	5,632	34.5%
영업이익(연구개발비 공제 전)		2,425	26.8%	−110	−2.7%	1,271	40.9%	−249	3,336	20.4%
연구개발비(고정비)		1,711	18.9%	674	16.2%	303	9.8%		2,688	16.5%
영업이익		714	7.9%	−784	−18.9%	968	31.2%		897	5.5%
손익분기점 매출액			7,876		5,923		1,270			15,141
손익분기점과의 매출 차			1,180		−1,763		1,835			1,180
안전한계율			115%		70%		244%			108%
고정비 비용 절감 필요액			−714		784		−968			−648

성장기에
선전 중

성장 시장에서
패배가 농후

성숙기에
성공

태에 어울리는 행동 계획을 세울 수 있다. 이를 근거로 아무리 생각해도 매출액이 손익분기점을 넘지 못할 것 같은 사업은 축소하는 방향으로 의사 결정을 내릴 수 있을 것이다.

팀장이라면 손익분기점 분석에 능해야 한다

손익분기점 분석은 이론을 이해하기 쉽다는 점에서 기업 분석 시 자주 활용된다. 일선에 있는 팀장이나 실무자들도 손익분기점에 대해서는 어느 정도 이해하고 있을 것이다. 그런데 비용 구조를 일정 정도 단순화한 이론인 탓에 그 전제 조건을 충족해야 비로소 효과적으로 활용할 수 있다. 이 전제 조건에서 크게 벗어나면 분석 결과가 현실과 다른 방향을 가리킬 위험이 있으므로 주의해야 한다.

첫 번째 전제 조건은 비용을 고정비와 변동비로 정확하게 분해할 수 있어야 한다는 것이다. 손익분기점 분석에서는 비용 구조를 변동비와 고정비로 분해해 한계 이익률 등이 일정하다고 가정하고 분석한다. 이때 지출 비용은 정확히 변동비와 고정비로 분해할 수 있다고 전제하며, 또 그 발생 상태도 일정하다는 것을 전제로 한다. 그래서 시간적 제약이나 대상 사업의 규모에 따라 비용 구조를 고정비와 변동비로 정확하게 분류할 수 없는 경우에는 분석의 정밀도가 떨어진다.

두 번째 전제 조건은 생산 수량과 판매 수량이 같다는 가정하에 기초 재고 및 기말 재고가 눈에 띄게 변동되지 않아야 한다는 것이다. 그런데 실제 제조업에서는 생산했으나 팔리지 않아 비용을 지불하고도 매출액이 오르지 않는 경우가 자주 발생한다. CVP 분석에서는 이 재고라는 개념을 고려하지 않고 제조한 제품이 전부 판매되어 매출이 발생한다고 전제한다. 그러나 제조업에서 재고를 전혀 보유하지 않는 회사는 드물며, 기초와 기말의 재고량이 뚜렷하게 변동되는 경우라면 CVP 분석을 신중하게 도입해야 한다. 그런 의미에서 CVP 분석은 재고를 보유하지 않는 서비스업에 적용하기 적합하다고 할 수 있다.

많은 기업으로부터 환영받는 성과 측정 기법은 따로 있다

예산관리와 CVP 분석을 통해 회사가 지향해야 하는 회계상의 숫자 목표를 설정하고, 그 숫자를 보며 경영에 대해 판단하는 것은 당연하다. 그러나 경리 부서에서 올라온 매출액과 영업이익 등의 회계 수치를 바라보는 것만으로는 아무것도 달라지지 않는다. 경영이란 그런 것을 개선하기 위해 어떤 전략을 취하는가 하는 것이기 때문이다. 따라서 회계 수치라는 객관적인 지표를 읽고 이해한 후 어떤 행동을 취하는가가 중요하다. 회계는 전략 수립에 활용될 때 비로소 그 가치가 높아진다. 회계로 현재 위치나 목표점을 측정하는 행위와 목표점에 도달하기 위해 어떤 행동을 하는 것은 다른 문제인 것이다.

'회계 측면의 도달 목표를 달성하려면 현장에서는 무엇을 해야 할까?' 이렇듯 경영 목표를 현장의 행동 계획에 맞게 전개하는 기법으로 'BSC(Balanced Score Card, 균형성과관리지표)'가 있다. 1990년대 초 미국 하버드대학교의 로버트 캐플란(Robert S. Kaplan)과 경영 컨설턴 트 데이비드 노튼(David P. Norton)이 고안한 것으로, 이들은 회사가 어떤 전략을 이용해 그들이 내세우는 회계적인 숫자 목표를 달성하려 하는지, 그 전략 입안 능력을 평가하려고 했다.

BSC는 기업이 내세우는 '재무적 관점'을 전략 입안의 시작점에 두 고, 이를 '고객의 관점' → '내부 업무 프로세스의 관점' → '학습과 성 장의 관점' 순서로 평가 관점을 바꿔 나간다. 예를 들어 '총자산이익 률 10퍼센트'라고 하는 재무적 지표를 내세운 경우라면 '이를 달성하 려면 고객에게 어떤 만족을 줘야 하는가'라는 '고객의 관점'이 중요하 다. 말하자면 매출액수익률이나 투자 회전율 등 재무적 수치는 고객 만족도가 높아져야 비로소 향상되는 것이기 때문이다. 그래서 '고객 의 관점' 수준을 측정하기 위해, 예를 들어 '신규 고객 수'나 '고객 만 족도' 등 정량적으로 평가할 수 있는 KPI(Key Performance Indicator, 핵심성과지표)를 정하고, 그것을 달성해야 상위 개념인 총자산이익률 10퍼센트를 달성할 수 있다고 생각한다.

또한 '고객의 관점' 수준을 높이려면 '회사가 어떻게 내부 업무 프로 세스를 개선해야 하는가'라는 관점에서 평가해야 한다. 고객 만족도 개선은 현재의 업무 프로세스를 그대로 유지한 상태에서는 기대하기 어렵다. 여기서는 고객의 만족도를 높이기 위해 회사의 업무 프로세 스를 어떻게 개선해야 하는지에 대한 가설을 세우고, 이를 측정하는 KPI와 그 목표 숫자를 설정한다.

마지막으로 '내부 업무 프로세스 관점'에서 내세운 KPI를 달성하려면 '직원이 무엇을 배우고 성장해야 하는가'라는 '학습과 성장의 관점'에 도달하게 된다. 이는 '내부 업무 프로세스 관점'에서 내세운 목표를 달성하는 사람은 결국 직원이며, 직원이 학습하고 성장해야 업무 프로세스가 개선될 수 있기 때문이다. 경영자가 중기 경영 계획에서 내세운 총자산이익률 10퍼센트를 달성하기 위해 '업계에서의 시장점유율을 올려라', '경영을 효율화해라'라고 아무리 말해도 직원들은 무엇을 어디서부터 시작해야 하는지 알 수가 없다. 이런 점에서 BSC는 경영 목표를 달성할 수 있도록 회사가 해야 할 일을 '재무적 관점', '고객의 관점', '내부 업무 프로세스 관점', '학습과 성장의 관점'으로 크게 나눠 각각 KPI를 설정하고 그 수치를 관리한다. 또 마지막에 회사가 내거는 재무적 목표를 달성하려면 조직의 누가, 무슨 일부터, 어떻게 착수해야 하는지 등의 행동 계획을 책정해 현장이 볼 수 있게 한다.

과거 미국의 기업들은 단기적 투자 효율을 중시하는 경향이 있었는데, 그 결과 제조업 분야에서 투자에 소극적으로 임하게 되면서 많은 산업에서 경쟁력이 크게 떨어지고 정리해고가 잇따랐다. 이에 캐플란과 노튼은 재무적 지표만으로 회사의 실적을 정확하게 평가할 수 있는가에 대해 문제의식을 느꼈다. 총자산이익률로 대표되는 재무적 수치는 중요하지만, 그것만으로 회사의 성과를 결정하면 안 되며, 중요한 것은 회사가 어떤 식으로 목표 수치에 도달하려고 하는지, 즉 그 경영전략의 질을 평가하는 것이라고 여겼다. 여기에는 선진국의 수많은 시장이 성숙기에 접어들어 소비자의 요구가 다양해지면서 기존의

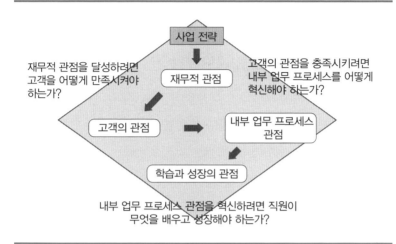

재무적 관점을 달성하려면
고객을 어떻게 만족시켜야
하는가?

고객의 관점을 충족시키려면
내부 업무 프로세스를 어떻게
혁신해야 하는가?

사업 전략

재무적 관점

고객의 관점

내부 업무 프로세스
관점

학습과 성장의 관점

내부 업무 프로세스 관점을 혁신하려면 직원이
무엇을 배우고 성장해야 하는가?

소품종 대량 생산에서 다품종 소량 생산으로 바뀐 것도 큰 관련이 있다. 즉 기존처럼 생산 효율을 중시하는 수직형 조직에서는 조직도 사람도 경직되어 혁신을 기대할 수 없다. 조직에 혁신을 일으키려면 부서의 벽을 낮추고 직원들을 참여시켜 새로운 제품, 새로운 서비스의 이상적인 모습에 대해 자유롭게 논의할 필요가 있었다. 그러기 위해서는 회사의 실적 평가 시 재무 수치만이 아니라, 어떻게 그 수치에 도달할 것인가에 대한 전략 경로(전략 맵)를 평가해야 한다고 생각했다.

이런 필요에 의해 도출된 BSC는 재무적 목표를 첫 번째 경영 목표로 삼으면서 고객의 관점과 업무 프로세스, 더 나아가서는 직원의 성장까지 도모하며 현장의 행동 계획을 구체적으로 나타낸다는 점에서 많은 회사로부터 환영받았다.

사원 개개인의 전략 목표를 설정하고 가시화하는 법

BSC는 재무적 지표인 회계 수치를 최종 목표로 하며, 인과관계에 따라 네 가지 관점으로 전개한다. 기존에도 중기 경영 계획 등으로 재무적 목표를 발표했지만, 이를 달성하기 위한 전략 내용이나 진척 정도가 불분명해 전략의 질을 평가하기가 어려웠다. 이런 점에서 BSC에서는 회사가 생각하는 각 관점의 전략 목표와 KPI가 명확해지므로 최종 목표를 달성하기까지의 아이디어와 다각적인 전략 평가가 가능해진다.

또 BSC는 직원을 동기부여하기에도 좋은 기법이다. 기존에는 회사 전체의 도달 목표를 나타내기는 해도 그 목표를 달성하기 위해 사원들이 각자 무슨 일을 해야 하는지에 대한 구체적인 행동 계획이 드러나는 경우는 없었다. 막연히 '목표 달성을 위해 힘쓰자'라고 하는 것보다 '조직 전체의 목표 달성을 위해 당신은 이만큼의 숫자 목표를 달성하면 된다'라고 하는 편이 개인이 행동 목표를 달성하기에 더 좋다.

하지만 BSC는 한번 작성했다고 장기간 같은 것이 계속 통용되는 것은 아니다. 그 이유는 회사를 둘러싼 환경이 변화하는 가운데 최종 목표를 달성하기 위한 전략 맵의 내용도 시시각각 달라지기 때문이다.

참고로 '전략 맵'이란, BSC에서 사업 전략을 네 가지 지표로 전개해 각각의 전략 목표를 세우고 KPI와 그 숫자 목표를 설정해 놓은 구성도를 말한다. 전략 맵은 '내부 업무 프로세스 관점'에서는 '개발 소요 시간 단축'과 '고객 만족도 조사 개선' 등을 전략 목표로 해서 KPI와 목표 숫자를 설정한다. 이렇게 해서 재무적 관점부터 학습과 성장의 관점에 이르기까지 전략 목표와 KPI, 숫자 목표로 행동 계획을 설정해 전략을 가시화한다.

이 전략 맵을 사용하면 무엇을 위해(전략 목표), 어떤 지표를(KPI), 얼마나(숫자 목표) 개선해야 하는지, 또 그것이 어떻게 상위의 전략 목표로 이어지는지 한눈에 알 수 있다. 전략 맵으로 구축한 네 가지 지표 간의 인과관계는 어느 일정 시기에만 효력이 있으며, 그 후 경영 환경이 변화하면 그 효력을 잃는다. 그러므로 환경 변화에 대응하여 늘 전략 목표를 재검토하는 것이 BSC를 효율적으로 유지하기 위한 전제 조건이다. 그리고 전략 맵의 인과관계를 효율적으로 기능하게 하려면 PDCA(Plan-Do-Check-Action) 사이클에 따라 인과관계를 계속해서 검증해 나가야 한다.

전략 맵				전략 목표	KPI	목표

전략 목표	KPI	목표
ROA 10%	ROA	10%
영업이익률 6%	영업이익률	6%
고부가가치 제품에 대한 투자	투자 최소 요구수익률	8%
고객 만족 증대	신규 고객 수	100명/월
신제품 조기 투입	신제품 모델 수	5M/년
고품질 제품의 요구 확보	평균 판매가	5천 엔/개
가격 대비 성능비 추구	표준원가	5% 절감
개발 리드 타임 단축	개발 리드 타임	6M/년
고객 만족도 조사 개선	유효 건수 증가	60% 달성
비부가가치 활동 조사	활동 검토 회의	2회/월
라이프 사이클 원가 계산	판매 후 5년의 비용	판매가의 5%
개발 부문의 지식 경영	개발 제안 건수	20건/월
감각 있는 젊은 층 적극 활용	마케팅 팀 평균 연령	40세 미만
전사적 ABC 및 LSC 연수	연수 횟수	전원 5회

재무 관점 / 고객 관점 / 업무 프로세스 관점 / 학습과 성장 관점

예산 수립만 잘해도
꽤 매력적인 미래가 열린다

경영자가 본사의 전략 담당자에게 지시하여 적당한 중기 경영 계획을 책정하게 하는 것은 쉬운 일이다. 그러나 거기에는 현재 회사의 문제점이나 해결해야 할 과제에 대한 행동 계획이 없고, 3년 후의 이상적인 목표로 다가갈 수 있는 방법도 드러나지 않는다.

회사의 현재 상태를 정확하게 이해한 후 그 연장선상에서 매력적인 미래를 그리는 것은 정말로 어려운 일이지만, 그 과정을 거쳐 나오는 중기 경영 계획으로는 그만큼 회사 안팎의 관련자들을 설득하기도 쉬워진다.

그래서 중기 경영 계획을 연 단위 숫자 목표인 '예산'에 잘 반영시키는 것이 무엇보다 중요하다. 예산이라는 공통적인 기준으로 회사의 현재 상태를 헤아리고 직원과 공유하며 조금씩 회사의 이상적인 모습으로 다가가는 것이다. 그 과정에서 CVP 분석, BSC 기법 같은 도구를 잘만 사용하면 예산과 중기 경영 계획을 현장의 행동 계획과 직결시켜 회계와 경영전략을 연결할 수 있다.

책임 추궁이 두려워서 불리한
정보를 묵살하진 말라

외부 재무 전문가로서 필자가 한 회사의 재무 담당 이사에게 조사 보고를 했을 때의 일이다. 그 이사는 조사 보고서를 응시하며 주의 깊게 필자의 이야기를 들었다. 대략적인 보고가 끝나자 한참 동안 보고서를 바라보고 있던 그는 뭔가 결심한 듯 고개를 들고 이렇게 말했다.

"…이건 제가 모르는 것으로 하는 게 좋겠군요. 이 건은 당신 가슴 속에 묻어두십시오."

지금까지 수많은 조사 보고를 해왔지만, 얼굴을 마주하며 조사 보고서를 거부당한 것은 이때가 처음이자 마지막이었다.

그 조사 보고 내용은 그룹 내 자회사의 재정 상태를 자세히 조사해 자산 평가 손실과 부외부채를 전부 반영해 연결 대차대조표의 실태를 밝힌 것이었다.

결론은 당시 연결 대차대조표에 계상된 순자산 중 4분의 1이 이미 훼손되었다는 것이었다. 그러나 심각하기는 했지만 영 손을 쓸 수 없을 정도로 망가진 것은 아니었다. 보통의 경우엔 이럴 때 "그럼 어디서부터 손을 대야 합니까?"라고 묻는다.

지금까지 영업 담당 이사나 개발 담당 임원이 회계적 관점에서 내린 경고를 무시한 적이 없지는 않았다. 하지만 그것은 회계적인 전문 지식이 부족해서 일어난 일일 뿐이었다. "그럼 이사님이 주주나 은행에게 설명하겠습니까?"라고

하면 대부분은 고개를 숙이고 보고 내용에 수긍했다. 그런데 이번에는 관리 부서의 최고 책임자인 재무 이사가 사태를 알고도 굳이 덮어 두자고 한 것이다.

그 보고서는 약 3개월에 걸쳐 그 회사 자회사들의 결산서를 일일이 검토하면서 간신히 만든 것이었다. 그런데 조사가 한창 진행 중일 때 자회사의 임원 중 '당신은 이 문제를 건드리지 않는 편이 좋을 것 같다'라고 정면으로 충고한 사람이 여럿 있었다. 그때는 그 충고를 흘려들었었다. 당연하지 않은가! 그런 의견에 일일이 신경 쓰면 될 일도 안 되는 법이다. 그리고 조사해서 밝혀질 문제가 있다면 조만간 사내에 널리 알려지게 될 것이다. 이런 경우에는 최대한 빨리 실태를 파악해 경영진에게 알려 자본 손실을 막지 않으면 때를 놓치게 된다. 나쁜 현상은 그 사실을 인식하는 데 문제 해결의 답이 있는 법이다. 그래서 조사에 협조하지 않는 자회사와 불화를 겪으면서도 조사 보고서를 완성했다.

채산성 낮은 사업을 회생시킬 때는 대상 회사의 경영 실태를 파악하는 데 시간이 가장 많이 든다. 조사 의뢰를 받고 대상 회사에 가서 어떤 점이 문제인지 물었을 때 즉시 대답할 수 있다면 외부에 조사를 의뢰할 일이 없을 것이다. 그들이 외부 공인회계사나 컨설턴트에게 대차대조표와 전략 평가를 의뢰하는 이유는 회사 내에 스스로 직접 평가하는 기능이 없기 때문이다. 이렇듯 회사가 사내에 경영관리 기능을 보유하지 못하는 경우, 그 원인은 주로 두 가지로 집약할 수 있다.

하나는 시간적·금전적 제약 때문에 경영관리 시스템을 구축하지 못하는 경우인데, 정신을 차려 보면 사내에 관리해야 할 사항이 너무 많아지게 된다. 이는 영업이나 개발 중심 회사에서 자주 볼 수 있는데, 관리 기능에 대한 경영자의 의식이 낮은 회사에서 주로 나타난다. 관리 부서 직원을 더 고용할 바에는 영업 직원을 한 명이라도 더 늘려야 한다고 생각하기에 회사 규모에 비해 관리 인력이 상대적으로 부족하다.

또 하나는 경영관리 기능을 일정하게 보유하고 있지만, 그 정보가 자신들에게 불리한 탓에 어느 순간 그 정보를 회피하게 되는 경우다. 경영자가 진실을 보려고 하지 않으면 부하 직원들도 불리한 정보는 위에 보고하지 않게 된다. 이유는 간단하다. 그래야 부하 직원도 편하기 때문이다.

불리한 정보를 묵살하는 경영자는 문제를 해결하는 데 좀처럼 나서지 않아서 그 회사는 시간만 더 낭비하게 된다. 이런 경우에는 현장에 가서 이야기를 들으면 정보를 얻을 수 있다. 하지만 현장 직원들은 본사가 진지하게 문제를 해결할 마음이 없다는 것을 알기 때문에 의미 없이 정보를 내놓으려고 하지 않는다.

이렇게 회사가 현실을 마주하려고 하지 않는 것은 경영자가 경영 책임에 대한 추궁을 두려워해서 생긴 현상으로, 고용된 경영자나 혹은 부모, 가족으로부터 회사를 물려받은 사장에게서 주로 나타난다.

"제가 모르는 것으로 하는 게 좋겠군요"라고 말한 재무 이사도 마찬가지다. 생각하는 바가 있어서 불량 자산의 존재를 확인해달라고 요청했겠지만, 그 실태를 알고 나서는 자신이 감당하기 힘든 수준이라고 생각했을 것이다. 자신이 그 자리에 있는 동안만이라도 문제가 불거지지 않아 무사히 임기를 마칠 수 있길 바란 것일지도 모른다.

필자가 그때 조사를 하면서 놓쳤던 것은 무엇일까? 만약 그 조사를 의뢰한 사람 입맛에 맞게 보고서를 썼다면 어땠을까? 확실한 것은 그 재무 담당 이사가 놓친 것은 경영 책임에 대한 무게라는 것이다.

Accounting
For
Team
Leader

5장

회사의 미래가
불확실할수록 팀장은
숫자에 매달려야 한다

경영은 의사 결정의 연속이다. 그 판단의 적합성과 부적합성은 결국 회사 실적으로 결산서에서 밝혀진다. 의사 결정을 하면서 치명적인 실수를 저질러 지출이 계속 발생하면 회사는 곧 위기에 직면하게 된다. 회사의 의사 결정은 불확실성 속에서 판단을 강요당한다는 점에서 어렵다. 그 판단을 아무 생각 없이 해서는 조직 내 의견을 집약·통일할 수 없다. 판단의 근거가 모호한 의사 결정이 좋은 실적으로 이어질 리도 없다. 수많은 사람들로 이루어진 조직에서 합리적으로 설득력 있는 의사 결정을 하려면 회계적 지표로 논의에 객관성을 부여하는 것이 중요하다.

숫자를 알면 회사에 이익을 내는 쪽으로 결정할 수 있다

회사의 매출과 이익, 시장점유율 등의 성과는 전부 회사가 의사 결정을 한 결과로 얻는 것이다. 달성해야 할 경영 목표를 정하고, 그것을 달성하기 위해 무엇을 해야 할지 결정해 행동한 결과는 경영 성과로 나타난다. 사람이 어떤 목적을 달성하고자 할 때 강한 의지와 행동력이 있어야 하는 것처럼 회사가 지속적으로 성장하기 위해서는 조직의 정확한 의사 결정과 강한 행동력이 필요하다.

하지만 회사가 사람과 다른 점은 회사는 법인이고, 현실적으로 서로 다른 의사와 사고 체계를 가진 사람들의 집합체라는 점이다. 흔히 회사를 의인화해 '우리 회사가 생각하는 것은'이라고 표현하기도 하는데, 회사의 의사 결정은 본질적으로 한 개인의 의사 결정보다 훨씬 복잡하고 모순점 또한 많다.

회사가 어떤 안건을 결정할 때 사장은 찬성하고 부사장은 반대하는 경우가 종종 있다. 이런 식으로 조직 내에서 상반된 의견이 대두되면 현장에 같은 과제에 대해 서로 다른 지시가 내려온다.

수많은 사람들이 모여 일하는 회사에서 의견을 하나로 모아 서로 협력하고 행동하기란 좀처럼 쉽지 않다. 사적인 이해가 충돌하고 개인의 이익을 우선시한 나머지 결국 회사에 불이익이 되는 의사 결정을 하는 경우도 종종 있다. 그만큼 조직을 구성하는 많은 사람들의 생각을 수렴해 최종적으로 하나의 결정을 내리는 것은 쉽지 않은 일이다.

이 장에서 다루는 의사 결정 회계에서는 회사의 경제적 이익을 비교 검토한 후, 그중 최적의 대안을 선택해야 한다. 이때 다양한 사람들의 생각이 교차하는 회사에서 최적의 대안을 찾아내기 위해서는 모두가 수긍할 만한 공통의 잣대로 대안이 타당한지, 이익이 나는 결정인지를 검증해야 한다. 그 공통의 잣대는 다름 아닌 회계다.

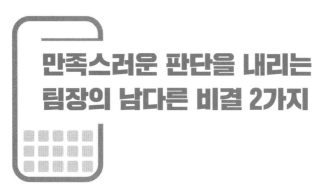

만족스러운 판단을 내리는
팀장의 남다른 비결 2가지

의사 결정에 있어서 '뛰어난 판단'이란 본질적으로 무엇을 의미할까?
교과서적으로 대답하면 '당기순이익과 기업 가치를 향상시키는 의사
결정'이라고 말할 수 있지만, 그것은 결과론적인 대답일 뿐이다. 그렇
다면 의사 결정까지의 프로세스를 활용해 "이번에는 만족스러운 판단
을 내렸다"라고 자신 있게 말할 수 있는 의사 결정이란 무엇일까? 필
자가 생각하는 대답은 다음과 같다.

대안을 정확하게 비교
이는 하나의 의사 결정에 관해 얼마나 많은 대안을 후보로 놓고 검토
하고, 그중 최적의 안을 정확하게 선택하는가를 말한다.

신규 사업이나 공장 설비에 대한 투자, 채산성 낮은 사업의 재편, 인건비 삭감 등의 의사 결정은 경영에 중대한 영향을 미친다. 그래서 이런 의사 결정을 할 때는 여러 가지 대안을 폭넓게 열거하고, 그중에서 최적의 안을 선택해야 한다.

예를 들어, 제조 기업의 이사회에서 설비투자에 대한 의사 결정은 매우 친숙한 의제다. 대부분의 논의는 현재 회사가 보유하고 있는 공장 설비의 확장이 중요하다는 전제하에 이야기가 진행된다. 그러나 제품 공급량을 늘리기 위한 선택지는 설비투자 외에도 많다. 자국 내에서 생산할 경우 원가 경쟁력이 떨어진다면 인건비가 저렴한 다른 나라에 공장을 설립할 수도 있다. 또 사업 환경의 변화에 따른 위험을 줄여야 하는 경우에는 생산 자체를 외부 업체에 위탁하고 공장 없이 제조업을 경영하는 방법도 바람직할 수 있다. 이처럼 자사 내에 설비투자를 갖추어야 한다는 고정관념을 버리고 유연하게 대처하면 선택의 폭이 넓어진다.

회사에서 의사 결정을 할 때는 반드시 목적이 있는데, 그 목적을 달성하기 위해 취할 수 있는 수단에는 제약이 있다. 그것은 과거에 이미 행했던 투자나 자금의 한계, 인재, 시간 등이다. 그러나 그 제약도 시간의 경과와 함께 서서히 변화한다. 지금까지는 자사 제품은 자사 공장에서 생산하는 것이 당연한 조건이었을지라도 회사를 둘러싼 경영 환경이 달라지면 새로운 선택지를 고를 수 있거나, 골라야 한다.

두 경우의 차이는 경영 환경이 변화하는 속도에 있다. 경영 환경에 걸맞게 의사 결정을 하는 회사는 질내도 신택시의 변화를 산과하거나 실수하지 않는다. 이때는 평소의 정보 수집 활동이 효과를 발휘하는데, 이런 정보 수집 활동은 고정관념을 버리고 폭넓게 선택할 수 있는 카드를 만드는 과정이라 할 수 있다.

미래의 불확실성에 대비하는 판단

기업에서는 현재 수집할 수 있는 모든 정보를 동원해 대안을 검토했다 해도 다음 날 새로운 사건이 발생하기도 하고, 오늘 의사 결정한 내용의 타당성이 내일 완전히 뒤집히기도 한다. 앞으로 어떤 사건이 일어날지는 아무도 예측할 수 없다. 불확실성의 위험은 피할 수 없는 일이다. 만약 확실히 판단해야 하는 요소 열 가지가 있다고 하자. 그렇다고 그 요소들이 전부 밝혀질 때까지 의사 결정을 미룬다면 경쟁에서 뒤처져 이익을 낼 기회를 놓치게 된다.

반대로 현재 아무런 정보나 가설도 없이 의사 결정을 하는 것은 도박이나 다름없다. 승률을 그때그때의 운에 맡기는 이런 의사 결정은 경영이라고 할 수 없다. 기업에서 의사 결정은 열 가지 요소 중 서너 가지가 확실해졌을 때 이뤄진다. 나머지는 최대한 정확하게 예측하려 노력하고, 앞으로 일어날 수 있는 사건에 대한 여러 가지 가설을 세운다. 이러한 과정을 거쳐 불확실성의 위험에 대비하는 것이다. 이렇게 의사 결정을 하면 불확실성이 드러날 때 신속하게 대처할 수 있다.

만약 낙관적인 예측만 한다면 예상치 못한 사태를 공유하는 데 시간이 걸리게 된다. 이때 투자 실패의 원인을 지적해 봤자 원망만 사게 되기 때문에 보통은 아무도 그에 대해 말하고 싶어 하지 않는다. 투자하기로 결정한 당사자의 경우는 시간이 조금 걸릴 뿐 머지않아 예측대로 매출이 오를 거라고 믿고 싶어 한다. 그 사이에 투자한 사업은 손댈 수 없는 상태로 악화되고, 누가 봐도 당초 계획과는 크게 동떨어진 결과를 마주하게 된다. 의사 결정의 잘잘못도 문제지만 예기치 못한 상황에 빠르게 대처하지 못하는 것이 결국 기업 가치를 크게 훼손시키고 만다.

그러므로 의사 결정에는 불확실성이 따르기 마련이라는 것을 인식하고, 그에 대비하는 자세가 필요하다.

원가를 알 때와 모를 때 의사 결정법은 천지 차이

의사 결정에 필요한 회계 정보를 제공하는 관리회계는 재무회계와 원가 개념에서 차이가 있는데, 가장 큰 차이는 원가가 발생하는 시기와 금액을 측정하는 방법이다.

재무회계의 재무제표에 계상되는 자산이나 부채, 손익계산서의 각 손익 항목은 회계기간에 회사가 이미 실제로 지출하거나 이익을 낸 것이다. 그래서 실제로 그 금액에 해당하는 청구서나 영수증, 계약서 등의 현물 자료가 존재하고, 그것으로 지출 내용을 증명한다.

이에 반해 의사 결정 회계에서의 원가는 미래에 발생할 전망이 있는 원가, 아직 발생하지 않은 미래의 원가다. 아무런 객관적 증거 자료가 없고, 그 금액은 수많은 가설이나 가정에 의해 측정된다. 대안별로 제시되는 전제 조건이나 업체의 견적 등을 참고해 미래의 비용을 예측하는 것이다. 즉, 원가의 발생 시점이 재무회계와 관리회계 원가의 차이다.

의사 결정 회계 영역은 크게 '전략적 의사 결정'과 '업무적 의사 결정'으로 나뉜다.

'전략적 의사 결정'은 장기간에 걸쳐 금액이 많이 올라가는 설비투자에서 투자의 경제적 합리성을 판단하는 것이다. 여기서는 초기 투자액 산정과 투자 성과로 인해 새롭게 창출되는 미래의 현금흐름을 예측해 자본비용, 세금 등을 고려해 가며 투자의 현재가치와 수익률, 회수 기간 등의 정보를 토대로 투자의 적합성을 판단한다. 전략적 의사 결정은 장기적인 미래 전망을 고려할 필요가 있기 때문에 불확실성에 대처한다는 데 그 목적이 있다.

그에 비해 '업무적 의사 결정'은 현재의 경영 자원을 가장 적합하게 배분하기 위해 실시한다. 즉 기업 가치를 높이려면 보유하고 있는 설비나 인재 등 한정된 경영 자원을 최대한 효과적으로 활용해야 한다. 그 활용 패턴은 '대안'이라는 형태로 검토되며, 업무적 의사 결정은 이 대안들을 비교해 가장 합리적인 안건을 선별하기 위한 기법이다. 구체적으로는 ① 부품을 자체 제조할 것인가, 외주화할 것인가, ② 신규 수주를 받을 것인가, ③ 어떤 제품을 판매하면 이익이 최대화될까 등의 의사 결정을 하는 데 사용한다.

여기서는 대안의 우열을 판단하기 위해 차액원가 수익 분석이 중요하며, 기회원가나 매몰원가 등 재무회계에서는 잘 사용하지 않는 특수 원가 개념을 사용한다.

예를 들어 부품을 자체 제조할 것인가, 외주화할 것인가를 결정하는 경우, 각각의 대안에 있는 모든 수익과 원가를 추정할 수 있다. 그러나 여기서는 대안의 우열을 판정하는 것이 목적이므로 자체 제조하는 방안과 외주화하는 방안 사이의 차이만 비교하면 된다. 이를 '차액원가 수익 분석'이라고 한다. 만약 자체적으로 제조하는 경우나 외주로 제조하는 경우의 수익 금액이 똑같다면, 이 경우는 차액원가 수익 분석의 대상이 되지 않는다. 또 현재 자체 제조하고 있는 부품을 외주로 전환할 경우에도 과거에 구입한 제조 설비의 감가상각비는 계속 발생한다. 제조 업무를 맡고 있는 직원들의 인건비도 그대로 나간다. 이를 '매몰원가'라고 하는데, 이 비용들은 차액원가에 해당되지 않는다.

 부품 제조를 외주화하면서 자체 제조할 때 들어가던 제조원가를 절감하게 되는 경우도 있다. 예를 들어 재료비와 광열비 등의 제조원가는 자체 제조하지 않으면 발생하지 않으므로 차액원가 수익 분석의 대상이 된다. 차액원가와 고정비, 변동비의 관계에서 일반적으로 자체 제조인가 외주 제조인가의 의사 결정과 수주 여부에 관한 의사 결정에서 변동비는 차액원가에 해당한다. 고정비는 절감을 기대할 수 없으면 보통은 매몰원가가 된다. 그러나 이는 사례에 따라 다르므로 신중하게 판단해야 한다.

 의사 결정 회계에서 자주 쓰이는 원가 개념 중에는 '기회원가'가 있다. 기회원가란 여러 가지 대안 중 한 가지를 선택함으로써 제외된 다른 대안을 선택했더라면 얻을 수 있었을 최대 이익을 말한다. 예를 들어 적정한 재고가 100개라고 의사 결정했는데 실제로 120개를 수주

받았다. 재고가 100개뿐이라 수주 물량 중 20개를 판매하지 못했다. 이때 재고 120개를 준비했더라면 당연히 얻었을 20개 분량의 놓친 이익이 기회원가(또는 기회손실)다.

제품을 자체 제조할 것인가?
외주에 맡길 것인가?

그동안 자체 제조해 오던 제품을 외주로 제조할지에 대한 의사 결정을 하려고 한다. 그 사례를 살펴보자.

여기서는 무엇이 차액원가이며 무엇이 비관련 원가(의사 결정 시 고려할 필요가 없는 원가)인지 정확하게 조사할 필요가 있다.

① 제품 B만 보면 외주로 생산했을 때의 비용은 900이며, 자체 제조했을 때의 총제조원가 1,060(재료비 700＋감가상각비 320＋인건비 40)을 밑돈다.

② 그러나 총제조원가에서 감가상각비 320과 인건비 40은 제품 B의 생산을 중단하더라도 계속 발생한다. 생산을 중단해도 설비와 제조 인력은 감소하지 않아서 그 비용은 제품 C가 부담하게 된다. 즉 감가상각

A공업은 제품 B, C를 제조, 판매한다. 이 회사에서는 적자 제품 B를 직접 제조하던 걸 중단하고 외주 제조할 것을 검토했다. 제품 B, C의 비용 구조는 다음과 같다. 제품 B를 외주로 제조할 때의 비용이 900이라면, 자사에서 제조하던 것을 외주로 전환하는 의사 결정은 옳을까? 그런데 제품 B 및 C의 제조 설비와 제조 인력은 공통되며, 제품 B의 자체 생산을 중단하더라도 설비 폐기, 정리해고를 바로 할 수는 없다고 한다.

항목	제품 B	제품 C	합계
매출액	1,000	1,500	2,500
재료비	700	800	1,500
감가상각비	320	480	800
인건비	40	60	100
이익	−60	160	100

자사에서 제조하면 60만큼 적자가 난다. 이를 외주화하면 100(1,000−900)을 벌어 조직 차원에서는 이득이 발생한다.

외주로 제작하면

항목	제품 B	제품 C	합계		차액
매출액	1,000	1,500	2,500		
외주비	900			=	
감가상각비					
인건비					
이익					

해답

항목	제품 B	제품 C	합계		차액
매출액	1,000	1,500	2,500		−
외주비	900	800	1,700		−200
감가상각비	−	800	800	=	−
인건비	−	100	100		−
이익	100	−200	−100		−200

정답 : 외주화하려는 판단은 전사적 차원에서 옳지 않다.

비와 인건비는 매몰원가에 해당한다.

③ 하지만 미래에 직원을 구조조정할 가능성이 있는 경우 구조조정 비용(퇴직 위로금 등)과 절약할 수 있는 인건비는 차액원가에 해당한다. 즉 '고정비=매몰원가'가 아니며, 어디까지나 대안에서 차액이 발생하는지가 중요하다.

어느 공정에서
병목현상이 생기는가?

업무적 의사 결정의 본질적 논점은 자체 제조하던 것을 외주화한 경우 어떤 비용을 절감할 수 있는지, 또 신규 수주를 받은 경우 추가로 비용이 얼마나 발생하는지 계산하는 것이다. 다시 말해 새로운 의사 결정을 내린 경우 현재 상황과 비교해 대안의 수익과 비용 구조가 어떻게 변화하는지 정확하게 추정하는 것이다. 그러기 위해서는 생산량이 확대되거나 축소되는 경우, 각각의 지출 항목이 얼마나 증가하고 감소하는지에 대한 정보를 축적해 놓는다.

　예를 들어 공장의 생산 능력 중 어떤 공정에서 조업의 한계점, 즉 병목현상이 나타나는지를 파악하는 것이 중요하다. 가령 제약회사가 알약을 제조하는데, 현재의 생산 관련 조업도는 도표 21과 같다고 한다.

　수주가 현재보다 10퍼센트 낮아질 경우, 10퍼센트의 신규 수주로 새로 발생하는 차액원가는 얼마가 될까?

10퍼센트 추가 생산할 때의 재료비와 인건비는 변동비로, 차액원가에 해당한다. 각 공정의 조업도를 보면 알약 제조 공정은 이미 조업도가 100퍼센트에 달해 있기 때문에 설비투자를 늘리거나 생산을 외부에 위탁하지 않으면 추가 수주를 감당할 수 없으므로 차액원가가 발생한다.

그러나 그 밖의 조립, 포장, 검품 공정은 현재의 조업도가 각각 70퍼센트, 80퍼센트, 50퍼센트다. 따라서 10퍼센트의 추가 생산을 받아들인다고 해도 남아도는 생산 능력의 범위 내에서 대응할 수 있어서 설비투자를 더 늘릴 필요가 없다. 따라서 조립, 포장, 검품 공정의 설비투자 추가 비용은 고려할 필요가 없는 매몰원가다.

이처럼 고정비와 변동비의 개념을 명확하게 이해하여 공정 간의 조업도를 파악하면 무엇이 차액원가이고 무엇이 매몰원가인지가 정확해져서 의사 결정 회계에 유용한 자료를 제공할 수 있다.

회사가 흔히 저지르는 실수는 10퍼센트의 추가 생산 비용을 추정할 때 현재 제품 한 개당 실제 제조원가를 토대로 원가를 대략적으로 예측함으로써 비용 민감도 분석을 잘못한다는 것이다. 이렇게 비용이 고정비인지 변동비인지 구분하지 않고 공정 간의 병목현상이나 잉여 생산 능력을 파악하지 않으면, 현재의 실제 원가를 기초로 어림잡아 계산하는 수밖에 없기 때문에 결과적으로 수주 여부에 대한 판단을 잘못하게 된다. 제조업의 경우 일정한 규모가 되면 조업도가 100퍼센트에 달하는 일은 없다. 조업도가 남아도는 공정의 감가상각비는 차

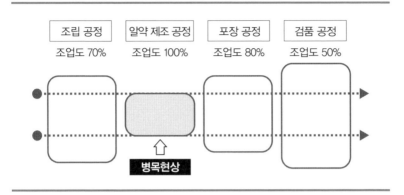

현재 보유하는 경영 자원 중 어디에서 병목현상이 일어나는가? 그
액원가가 아니라 매몰원가다. 주의할 것은 조업도가 100퍼센트에 도
달하는 공정이 있는 경우에는 해당 설비의 증산(增産) 대응 비용이 차
액원가로써 의사 결정에 영향을 미친다는 점이다.

현재 보유하는 경영 자원 중 어디에서 병목현상이 일어나는가? 그
곳이 어디든 제품 공급량을 늘리려면 그 병목 구간을 넓히는 수밖에
없다. 그리고 여기에 들어가는 비용은 차액원가가 된다.

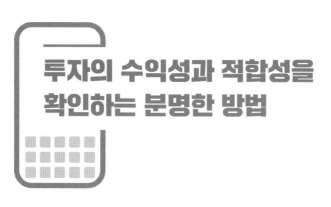

투자의 수익성과 적합성을
확인하는 분명한 방법

전략적 의사 결정이란, 회수 기간이 긴 고액의 설비투자 등 당해 투자의 수익성과 회수 기간을 산정하고 투자의 적합성을 판단하는 회계 기법이다. 여기서는 투자한 결과 얻을 수 있는 미래의 현금흐름을 현재가치로 할인해서 그 총액이 투자액을 웃도는지를 판단한다. 전략적 의사 결정에서 중요한 요소는 첫째, 미래의 현금흐름으로 투자의 성과를 추정하고, 둘째, 그것을 자본비용으로 현재가치를 할인하는 것이다.

미래의 현금흐름으로 투자 성과를 추정한다
재무회계에서 계산되는 회사의 이익은 일반적으로 공정·타당하다고 인정되는 회계기준에 따라 산출된 것이다. 이는 회사가 계속 유지되는 것을 전제로 수익과 이를 위해 지출한 비용을 동일 회계기간에 대응시켜 표시하고, 그 성과인 이익을 표시하는 것을 목적으로 한다. 따라서 비용 중에는 준비금이나 평가손실 등 현금 지출을 동반하지 않는 비용도 존재한다. 그러나 설비투자에 관한 의사 결정을 할 때는 일반적으로 5년 정도의 중·장기를 기준으로 한다. 그래서 투자의 경제성을 판정하는 데 있어서는 현금흐름을 기초로 하는 것이 객관성도 높고 계산 과정도 간단하다.

자본비용으로 현재가치를 할인한다

중·장기적인 설비투자를 할 경우, 그 효과로 인한 현금흐름을 얻기까지는 시간이 걸린다. 보통은 다음 기(期) 이후에나 얻을 수 있다. 효과가 나올 때까지 회사는 설비투자에 필요한 자금을 계속 조달해야 한다. 자본비용은 이 자금을 대는 사람에게 지불하는 조달 비용이다. 투자 계획을 세울 때는 적어도 자본비용을 웃도는 수익률을 전망할 수 있어야 채산에 맞다. 그래서 자본비용을 투자안을 실행할 때의 '최소요구수익률(hurdle rate)'이라고도 한다.

이 자본비용 중에서는 WACC(Weighted Average Cost of Capital, 가중평균자본비용)를 많이 사용한다. WACC는 쉽게 말해 회사의 자금 조달에 평균적으로 드는 비용을 산정하는 것이다. 회사의 자금은 일반적으로 주주에게서 조달하는 직접금융과 은행 등 금융기관으로부터 조

달하는 간접금융으로 이뤄지는데, 이 두 가지를 분류한 뒤 각각 필요
한 조달 비용을 가중평균해서 계산하는 것이다.

회계로 미래의 불확실성에 대처하는 것도 팀장의 일

전략적 의사 결정에서 중요한 것은 미래의 불확실성에 어떻게 대응해야 하는지에 관한 것이다. 특히 투자 시점의 미래현금흐름 추정치는 불확실한 것이다. 문제는 이 불확실성의 위험을 충분히 인식하지 못하는 회사가 많다는 것이다. 설비투자 안에서도 투자 금액의 근거가 되는 미래현금흐름 전망을 예상하지만, 그 예상 시나리오의 패턴이 하나라서 매출성장률 등의 모든 조건이 낙관적인 경우가 많다.

다시 말하지만, 투자 성과인 미래현금흐름은 투자 시점에는 불확실하다. 판매 계획 예측뿐 아니라 미래의 재료 가격, 환율 변동 등 투자 시점에는 정확히 알 수 없는 것투성이다. 그렇기에 투자 성과가 낙관적일 경우, 비관적일 경우, 그 중간일 경우의 미래현금흐름을 예측하고 각각의 행동 계획을 사전에 마련해 놓아야 불확실성의 위험을 관리할 수 있다.

성가신 것은 불확실성에 관한 위험을 제대로 논의하지 않고 낙관적
으로 수립한 계획이 반드시 달성될 거라고 믿는 '정신론적 접근'이 경
영진에게까지 퍼진 경우다. 현장을 지속적으로 동기부여하기 위해 성
취 목표 외의 시나리오는 돌아보지 않겠다는 자세일 테지만, 애초에
어떤 외부 요인은 현장에서 컨트롤할 수 없는 경우도 있다.

실제로 불확실성의 위험이 회사에 불리한 형태로 표면화되고 있음
에도 불구하고 경영진이 그것을 받아들이지 않아 적절하게 대응할 타

도표 22 | 투자 1년 후의 예상 시나리오와 대처 방법

시나리오	1년 후의 사업 상황에 따른 분류 기준	회수 시간	인식과 대처 행동
낙관적 ↗	① 매출 기준 → 5억 초과 그리고 ② 이익 기준 → 1억 초과	3년	1. 가정한 것보다 시장이 빠르게 성 장하고 경쟁력을 발휘한다. 2. 시장 성장 전망과 경쟁 관계를 분석해 필요하면 추가 투자를 검 토한다.
중간 →	① 매출 기준 → 3억~5억 ② 이익 기준 → 0~1억	7년	1. 투자 여부 판단 시 예상 범위 내 의 실적을 보인다. 2. 당초 계획한 대로 행동 계획을 실행한다.
비관적 ↘	① 매출 기준 → 3억 미만 또는 ② 이익 기준 → 적자	회수할 가망이 없다.	1. 투자 여부 판단 시의 예상을 크 게 밑돈다. 2. 당초 계획과 실적 차이를 분석하 는 프로젝트 팀 설치 3. 당초 계획한 행동 계획을 신속 하게 재검토

이밍을 놓치는 경우가 많다. 사업이 암 말기의 환자처럼 방치되면 더 이상 손쓸 수 없는 상태가 되어 기업 가치가 뚜렷하게 훼손되고 만다. 이는 경영진의 경영 능력 부족, 팀장급 이상 관리자의 관리 능력 부족으로 말미암은 것으로, 불확실성의 위험으로 인해 회사에 큰 손실을 초래하게 된다.

따라서 투자 안건처럼 불확실성의 위험이 클 경우에는 여러 각도의 시나리오를 구상하고, 각각의 시나리오마다 투자 손익 예측, 회수 기간 등을 공들여 추정하고, 사전에 그 시나리오 분류 기준과 대처 방법까지 준비해 놓아야 한다. 이렇게 할 때의 가장 큰 장점은 그 투자 안건이 놓여 있는 상황을 시기적절하게 파악·분류할 수 있고, 늦기 전에 그 상황을 이겨낼 대책을 마련할 수 있다는 점이다.

투자에 실패했다는 것이 숫자로 드러나는 경우

회사가 설비투자를 실시해 예상대로 이익이 발생하면 별 문제가 없다. 무서운 것은 어떤 이유로 당초 예상했던 이익을 얻지 못한 경우다.

현행 회계기준에는 '감손 회계'라는 것이 있는데, 기업이 보유하고 있는 토지나 건물, 기계장치, 소프트웨어, 영업권 등의 고정자산 중 미래에 수익 획득에 공헌하지 않을 거라고 판단되는 고정자산의 장부가액을 적정한 회수 가능액까지 인하해 회수 불가능한 부분을 '감손 손실'로 특별손실 처리하는 회계기준이다.

판매 목적의 재고자산이나 유가증권 등 투자 목적의 금융 상품과 달리 고정자산은 원래 장기적으로 수익을 확보할 목적으로 보유한다. 때문에 건물이나 기계장치의 취득가액을 감가상각이라는 회계 기법을 통해 그 수익 확보 효과가 미치는 기간에 걸쳐 비용으로 처리하고, 손익계산서에서 '수익 비용 대응의 원칙(일정 회계기간에 발생한 수익과 그 수익을 얻는 데 들어간 비용을 결정해 이를 서로 대응시킴으로써 당기순이익을 산출하는 방식)'을 적용한다. 그러나 미래의 수익 확보에 도움이 되지 않을, 투자 실패가 명백한 고정자산까지 감가상각하는 것은 손실을 계속 뒤로 미루는 것에 지나지 않는다.

감손 회계란, 이런 투자 실패로 지나치게 커진 고정자산 금액을 적정 수준까지 인하하는 회계 방식을 말하며, 감손 회계를 한다는 것은 경영진이 사실상 투자에 대한 실패를 인정한다는 뜻이다. 감손 손실 금액이 커지면 적자 폭이 커지기 때문에 이는 투자 판단에 대해 책임을 지는 경영진에게는 가장 무서운 회계기준이라 할 수 있다.

"예금이 가압류되었습니다"

E사는 시스템 개발을 수주한 고객 R사로부터 자본 제휴를 제안받았다. E사는 곧 R사에 대해 조사했고, 두 회사 사이에 자본을 제휴할 정도로 시너지가 날 만한 것이 없다고 결론 내렸다. E사가 그 뜻을 전하자 R사에서는 다시 E사에 출자하고 싶다는 의향을 전해 왔다. 당시 E사는 연 매출이 30퍼센트씩 오르고 있었고, 곧 기업공개(IPO: Initial Public Offering)를 앞두고 있었던 터라 R사가 투자 대상으로 흥미를 느꼈을 것이다. 그러나 E사 입장에서는 R사의 출자가 그렇게 매력적이지 않았기 때문에 R사의 제안을 거절했다.

그런데 그로부터 몇 개월 후 주거래은행의 담당자에게서 전화가 걸려왔다. 은행 담당자는 다급하게 말했다. "지금 법원으로부터 귀사의 예금에 대한 가압류 명령이 내려왔습니다." E사의 사장은 물론 경영진은 그 말이 무엇을 의미하는지 선뜻 이해되지 않았다. '예금에 가압류라니? 누가, 왜?' 하는 표정들이었다. 그때는 누구도 그 가압류가 그 후 1년 동안 E사를 경영난에 빠뜨릴 거라고는 생각지 못했다.

'가압류'란 채무자의 재산이 은폐 또는 매각에 의하여 없어질 우려가 있는 경우, 강제집행을 보전하기 위해 그 재산을 임시로 압류하는 법원의 처분을 말한다. 원래는 본소에 의해 손해배상청구권이 확정된 후 채권을 보전(이 경우에는 '본압류'가 된다)해야 하는데, 그러면 채권 보전을 도모할 수 없게 될 우려가 높은 경우에 이를 방지하기 위해 인정하는 특수한 집행제도가 곧 가압류다.

가압류가 무서운 것은 채권을 보유한다고 주장하는 원고의 일방적인 주장을 근거로 법원이 가압류 여부를 판단한다는 데 있다. 재산을 가압류당하는 피고에게는 해명할 기회가 주어지지 않는다. 이는 원고가 가압류를 신청하는 것이 사전에 피고에게 전해지면 재산을 은닉하거나 낭비할 우려가 있기 때문이며, 가압류 제도의 취지에서 보면 당연하다. 그런데 원고가 나쁜 의도를 가지고 허위 주장을 한 경우에도 피고는 반증의 기회를 갖지 못하고 재산을 부당하게 가압류당하게 된다.

법원에서 송달된 가압류 명령서을 읽어보니 가압류를 제기한 것은 놀랍게도 일전에 자본 제휴를 제안했던 R사였다. 가압류 명령서에는 "R사는 E사에 시스템 개발을 의뢰했는데, 그것이 납기일까지 완성되지 않아 R사에 막대한 손해가 발생했다. 그런데 E사가 그 손해에 대한 고액의 배상금을 지불할 수 있을 거라 생각할 수 없기에 가압류 명령을 내린다"라고 적혀 있었다.

가압류 명령서에는 사실과 다른 내용이 많았고, R사가 없는 일까지 만들어가며 트집을 잡아 법원으로부터 가압류 명령을 이끌어낸 것으로밖에 볼 수 없었다.

가압류는 보통 피고가 현재 하고 있는 일에 대한 악영향을 최소화하려고 하기 때문에 먼저 부동산부터 손을 댄다. 그런데 E사에게는 부동산이 없었기에 R사는 E사의 은행 예금과 거래처에 대한 매출채권을 노리고 가압류를 신청한 것이다.

가압류 명령이 거래 은행과 주요 거래처에 송달되면 어떤 일이 벌어질까?

먼저 거래 은행에서의 융자가 중단된다. E사가 은행과 맺은 금전소비대차계약서를 읽어보면 계약 해지 사유에 '가압류'라고 분명하게 적혀 있다. 즉 거래 은행에는 계약 해지에 관한 권리가 발생했고, E사는 '기한이익상실(금융기관이 채무자에게 빌려준 대출금을 만기 전에 회수하는 것)'로 대출금을 즉시 변제해야 하는 상황이었다. 거래처와의 계약서에도 마찬가지로 '가압류를 당한 경우 거래처에 계약 취소권이 발생한다'고 기재되어 있었다. 그에 따라 E사는 당시 맺고 있던 여러 계약이 취소돼 매출은 줄고 엄청난 손해를 입게 될 수 있었다.

E사는 악의를 가진 R사의 일방적인 주장으로 존속이 어려워졌고, 실제로 은행에서 융자가 중단되었고, 매출까지 감소해 자금 사정은 급속도로 악화되었다.

E사의 사장이 사태의 전모를 이해했을 때는 이미 R사의 계략에 빠진 뒤였다. E사를 상대로 한 가압류는 R사가 주장하듯이 채권 보전이 목적이 아니었다. 가압류를 이용해 E사의 경영권을 빼앗기 위한 새로운 기업 매수 기법이었다. R사의 변호 대리인은 아주 유명한 로펌이었는데, R사의 기업 규모로 치면 조금 분에 넘치는 듯 보였다. 어쩌면 E사의 경영권을 빼앗으려고 대형 로펌이 배후에서 사주한 것일 수도 있다. 가압류를 이용해 회사를 궁지로 몰아넣은 후 경영권을 빼앗는 것은 법률 초보가 생각해낼 수 있는 방법이 아니기 때문이다.

E사는 즉시 법원에 이의신청을 하고, 그 후 세 번의 심문을 거쳤다. 그 결과 법원은 E사에게 채무 불이행 사실이 없었다고 판단하고 R사에게 가압류 취하를 권고했다. 법원이 사실상 가압류 명령을 한 데 대한 잘못을 인정한 것이다. R사의 가압류 신청서에서 명백한 허위 사실이 발견된 것도 법원이 당초의 판단을 번복한 이유였다. 이렇게 해서 가압류되었던 예금은 무사히 압류 해지되었다. 가압류로 E사의 예금이 압류된 지 3개월 만의 일이었다.

그런데 만약 세 번의 심문 끝에 가압류 취하 권고가 나오지 않았더라면, 아니면 취하 권고까지 6개월 이상의 시간이 걸렸다면 은행 대출 약정 변제뿐 아니라 세금 등 온갖 채무 지불이 지연되어 E사의 존속 자체가 불투명해졌을 것이다. 그때 E사가 할 수 있는 선택은 살아남기 위해 R사에게 머리를 숙이고 가압류 신청을 취하해달라고 부탁하는 수밖에 없다. 그러면 R사는 그 조건으로 분명 E사에게 경영권을 넘기라고 했을 것이다.

가압류 명령은 3개월 만에 취하되었지만 E사가 그로 인해 입은 손실은 매우 컸다. 거래처의 주문이 모두 취소되었고, 업계에서의 평판이 훼손되었으며, 자금 조달이 어려워지는 등 그 피해는 이루 다 말할 수 없을 정도였다.

정말로 보전해야 할 채권이 있다면 가압류를 신청해 확실하게 회수하는 것이 좋다. 하지만 악의적인 의도를 가지고 타사의 존속을 위협하는 것은 용서할 수 없는 행위다. 그것이 기업 매수를 위한 수단이었다면 더욱 더 용납할 수 없다. 만약 그 모든 것을 R사의 법률 대리인 측에서 주도한 것이라면 가압류 제도를 악용한 행위이자 법조인으로서의 윤리에 어긋나는 행위라 할 수 있다.

'노블레스 오블리주(Noblesse Oblige)'라는 말이 있다. '고귀한 자에게는 책임이 따른다'라는 의미다. 높은 전문성과 독점적인 업무 권한을 인정받는 직종의 전문가일수록 반드시 공공성과 사회 공헌 정신까지 갖추고 있어야 한다.

Accounting

For

Team

Leader

회사의 생명줄, 자금 조달에 관한 실무 꿰뚫기

기업에게 자금이란, 인간으로 치면 혈액과 같은 것이라서 그것이 줄어들면 활동량이 떨어지고, 출혈이 멎지 않으면 최종적으로 기업이 존속할 수 없다. 자금 조달은 그 혈액을 항상 일정하게 유지하기 위한 수단으로, 기업은 실적과 투자 계획을 중·장기적으로 예측하면서 이에 대비해야 한다. 오랫동안 은행을 통한 간접금융 중심으로 운영하던 회사 중 최근 기업공개를 하며 직접금융을 적극적으로 활용하는 회사가 늘고 있다. 이에 이 장에서는 회사의 자금 조달 실무와 자금 출자자를 대상으로 하는 설명 책임에 대해 다룬다.

기업이 자금을 조달하는 0가지 방법

회사가 그 계속성이 끊어지는 것은 거의 모든 경우(자체적인 폐업 등을 제외하고) 자금이 부족해 법적 채무에 대한 이행을 할 수 없게 되기 때문이다. 이 말은 즉, 자금 부족으로 인해 부도가 난다는 것이다. 어떤 형태, 어떤 업종이든 사업 활동을 지속하기 위해서는 부도만은 피해야 한다. 말하자면 법적 채무를 지급 기일에 맞춰 지불할 수 있는 한 회사가 채권자 때문에 도산하는 일은 없다. 그런 의미에서 회사가 짊어진 법적 기일에 맞춰 채무를 계속 변제해 나가는 것은 모든 회사에게 요구되는 최소한의 존속 조건이며, 끝까지 지켜야 하는 회사의 생명선이다. 그와 함께 그 생명선을 지키기 위해 적절한 시기에 자금을 조달하는 것은 회사가 존속하는 데 있어서 가장 중요한 일이다.

오늘날 회사가 사업 자금을 조달하는 데는 여러 선택지가 있다.

먼저 자기금융을 쓸 수 있다. 회사가 운영하고 있는 사업을 통해 얻을 수 있는 현금흐름으로 매입채무(기업이 상품을 매입하는 과정에서 발생하는 채무)와 인건비를 지불하고 남은 금액의 범위 내에서 투자 활동을 위한 자금을 마련하는 방법이다. 즉, 자사가 실제로 번 돈 내에서 투자하는 것이므로 외부에서 자금을 조달할 필요가 없고, 이미 사내에 유보 자금이 있다는 점에서 가장 견실한 자금 조달 방법이다.

반면 자사가 얻은 이익의 범위로 자금이 한정되는 탓에 자금 수요가 왕성할 경우 사업의 성장 속도를 높이기 어렵다. 만약 시장이 급성장하면서 갑자기 고액의 투자가 필요한 경우, 자기금융만으로는 투자 자금이 부족할 수 있다. 그런 경우에는 회사의 소유자인 주주에게 추가 출자를 요구해 주식금융(equity finance)을 조달하거나, 은행 등 금융기관에서 빌리거나 회사채를 발행해 자금을 조달하는 부채금융(debt finance)을 이용할 수 있다.

주식금융의 경우는 출자자가 회사의 실질적인 소유자이며, 주주총회에서 의결권을 행사함으로써 회사의 중요한 사항을 결정한다. 그 결과 출자자는 회사가 이익을 계상하면 그 과실인 배당금을 받게 된다. 반면 회사가 도산하는 경우에는 채권자에 대한 모든 법적 채무를 우선 변제한 후 출자금을 돌려받게 된다.

이에 비해 부채금융을 통한 융자는 금전소비대차계약을 근거로 회사의 실적과 상관없이 일정한 이자를 채권자에게 지불한다.

자금을 대는 사람 입장에서 보면 주식금융은 '고위험 고수익'을, 부채금융은 '저위험 저수익'을 동반한다고 할 수 있다. 회사 입장에서 보면 주식금융은 상환의 의무가 없어서 자금을 장기간 운용하는 데 적합한 반면 배당금 등 조달 비용이 상당하고, 주주에 대한 설명 책임도 이행해야 한다. 이에 비해 부채금융은 채무약정 변제 시기가 정해져 있어서 그 변제 기일에 맞춰 상환해야 한다. 하지만 이자 등 조달 비용이 상대적으로 저렴하다.

이렇듯 회사가 사업을 하기 위해 어디에서, 어떤 형태, 어떤 조건으로 자금을 조달해 오는가 하는 자금 조달 활동은 기업 금융이나 기업 재무의 영역이다. 기업의 재무 활동은 회사의 장기적인 투자를 가능하게 하고, 단기적인 영업 실적 하락 등에 대처하기 위한 자금을 원활하게 융통해 운전자금으로 활용하는 등 회사를 경영하는 데 있어서 꼭 필요한 활동이다.

자금 조달에 막힘없는 회사는 출자자에게 만족스럽게 설명한다

회사는 자금을 조달하기 위해 자금 출자자에 대한 설명 책임을 피할 수 없다. 자금 출자자가 주주(주식금융)든 채권자(부채금융)든 회사의 재무 상태와 경영 성적에 관한 정보를 자금 출자자에게 정확하게 전달하는 것은 자금 운용을 담당하는 경영자의 책임이다.

이때 경영자, 주주, 채권자 사이에는 이해관계가 형성되는데, 그 이해를 조정하는 것이 바로 재무회계 활동을 거쳐 생성된 회사의 결산서다.

경영자는 일반적으로 공정·타당하다고 인정할 수 있는 회계기준에 따라 작성된 결산서를 주주와 채권자에게 공개해 설명 책임을 완수한다. 그런 의미에서 설명 책임은 실질적으로 '회계 보고 책임'을 밀힌다.

주주에 대한 설명 책임

주주에 대한 설명 책임을 올바르게 이해하려면 먼저 주식회사의 역사적 성립 배경과 특성에 대해 이해해야 한다.

회사는 원래 '회사법'(예전의 상법)으로 규정된 법률 용어다. 회사에는 주식회사 외에도 지분회사로 분류되는 합명회사, 유한회사, 합자회사 등이 있다. 네 가지 회사 유형 중 역사가 가장 오래된 것은 합명회사인데, 그 원형은 자본가가 경제의 중심이 되었던 중세 유럽으로 거슬러 올라간다. 이 시대는 아직 정치가 불안정했기 때문에 소득 불평등이 심해서 사회 시스템적으로 부의 재분배가 제대로 이뤄지지 못했다. 그래서 부의 쏠림 현상이 뚜렷했고, 한편으로는 자산가가 직접 출자하고 경영도 하는, 지금으로 말하자면 자영업과 같은 경영 형태가 주를 이뤘다.

이 합명회사 형태에서는 가족이나 친지 등 돈독한 신뢰관계를 바탕으로 파트너십을 체결해 공동으로 사업을 운영했기 때문에 출자자와 경영자가 동일했다. 즉 '소유와 경영의 일치'가 가능했던 시대다. 서양 회사 중에는 '~brothers(~형제들)'나 '~&Sons(~와 그의 자녀들)'처럼 설립 배경의 흔적이 남아 있는 회사 이름이 아직도 있다.

합명회사 형태에서는 회사가 채무를 지고 도산하는 경우 출자자 겸 경영자가 직접 무한 연대책임을 진다. 이를 '인적 담보'라고 하며, 사업 출자자가 경영자를 겸하는 만큼 그 결과에 대해서도 무거운 책임을 진다. 이런 책임 관계에서는 회사의 설명 책임이 딱히 중요하지 않다. 회사의 소유자와 경영자가 같아서 소유자가 회사의 모든 정보를 알고 있기 때문이다.

합명회사는 사업에 실패했을 때 출자자가 입는 피해가 크고, 또 가족, 친지 등 강한 신뢰 관계를 바탕으로 파트너십을 형성하는 경우가 대부분이므로 대규모로 사업을 전개하기에는 부적합했다.

이후 정치적으로 민주화가 진행되고 시장경제가 발달하며 소득 격차가 축소되자 일부 자본가뿐 아니라 중산계층도 재산을 소유하게 되었다. 예를 들면 예전에는 특정 자본가 한 사람이 1,000을 소유했다면, 중산계층 100명이 10씩 소유하게 된 것이다.

한편, 18~19세기에 들어서면서 석탄, 철강, 철도, 전기, 섬유 등 인프라 산업이 급성장했는데, 여기에 필요한 거액의 자본을 조달하는 방법으로 이 중산계층이 소유하고 있는 10을 사업에 끌어들일 방법을 모색하게 되었다.

그렇게 만들어진 것이 오늘날 주식회사 형태의 회사다. 회사의 지분을 균등하게 분할해 흩어져 있는 영세 자본으로 회사에 투자할 수 있게 한 것이다. 회사의 소유자를 소수의 자본가로 한정하지 않고 불특정 다수를 대상으로 출자자를 모집했다. 그렇게 균등하게 분할된 투자 단위가 바로 '주식'이다.

주식회사는 만약 회사가 도산하더라도 그 주식의 가치가 없어질 뿐 (흔히 말하는 휴지조각이 될 뿐), 더 이상의 책임을 짊어지지 않는 간접 유한 책임 방식을 채택해 출자자가 심리적으로도 투자하기 쉽게 했다.

하지만 주식회사에는 한 가지 큰 문제가 있었다. 다름 아닌 기업지배구조상의 문제다. 매번 그 많은 주주가 모여서 경영에 관한 판단을 하다 보니 의사 결정의 기동성이 저하되고 경쟁력이 떨어지게 되었던 것이다. 그래서 평소 경영은 전문가인 경영자에게 맡기고 주주의 권한은 경영자 선임과 해임, 중대한 자산 양도 등 회사의 중요 사항으로 제한했으며, 그 권리 행사는 주주총회를 통해 할 수 있게 했다. 즉 '소유와 경영의 분리' 방식을 채택한 것이다.

이렇게 소유는 주주가, 경영은 경영자가 하는 것으로 정리되고 주주가 경영자에게 경영을 위탁하게 되면서 경영자의 주주에 대한 설명 책임이 중요해졌다.

당연히 주주는 경영자에게 자금을 맡길 때 그 자금 관리 및 운용에 관한 보고를 요구하게 된다. 현행 회사법에서도 주주는 주주총회에 앞서 재무제표를 제공받도록 규정했고, 원칙적으로 주주총회를 통해 권리를 행사하게 되었다. 이것이 경영을 위탁받은 경영자에게 부과된 주주에 대한 설명 책임이다.

채권자에 대한 책임

주식회사가 외부에서 자금을 조달하려면 증권시장에서 주식을 발행해 조달하는 방법(주식금융)이나 은행 등 금융기관에서 차입해 조달하는 방법(부채금융)이 있다. 주식금융의 경우 주주는 회사의 중요 사항에 관해 의결권을 행사하고, 실적이 좋으면 배당을 받는다. 대신 회사가 도산하면 주권의 가치는 사라진다.

한편 부채금융에서는 채권자가 경영에 관여하지 않고 회사의 실적에 상관없이 이자를 받는다. 주식금융보다 안정적이라 할 수 있다. 대신 대출금리가 정해져 있기 때문에 돈을 빌려 간 회사에 이익이 나도 채권자의 수입이 증가하는 것은 아니다. 하지만 회사가 도산하는 경우에는 주주보다 우선해서 잔여 재산을 분배받을 수 있다. 그래서 채권자 입장에서는 이때 회사의 재산이 보전되는가가 중요한 관심사다.

예를 들어, 은행에서 돈을 빌려간 회사가 이익이 나지도 않았는데 그 빌린 자금으로 주주에게 배당을 하면 어떻게 될까? 이는 실질적으로 주주가 채권자의 이익을 침해한 것이 된다. 원래 주주에게는 투자 성과가 현실적으로 나타났을 때 회사가 얻은 이익 중에서 배당이 이뤄져야 한다. 적자 상태인데도 회사 재산이 주주에게 배당되었다는 것은 채무 변제에 충당되어야 할 자금이 주주에게 유출되었다는 것을 의미한다.

회사는 채권자에게 주주에 대한 배당이 적법하게 이뤄지고 있음을 확인시키고, 채권자의 재산 보전에 대한 설명 책임도 다해야 한다. 따라서 채권자의 이익을 침해한 경우라면 그에 대한 책임에서 결코 자유로울 수 없게 된다.

이와 같이 회사의 자금 조달을 고려할 때 자금 출자자에 대한 설명 책임은 한 세트다. 바꿔 말하자면 자금 조달을 잘 하느냐 못 하느냐는 회사가 경영에 관한 설명 책임에 어떤 자세로 임하고, 출자자의 정보 요구를 얼마나 충족시켜 주는가에 따라 크게 좌우된다. 즉 자금을 막힘없이 조달하는 회사는 출자자의 설명 책임에 대한 만족도가 높은 회사다.

말뿐인 자금 조달법은 이제 그만!

회사의 자금 조달에 대해 공부하려고 서점에 가 보면 기업 금융 및 재무관리론 서적이 대부분이다. 유명한 경제학자의 이론을 바탕으로 한 책도 상당수 자리를 차지하고 있다. 그런데 그런 이론들이 기업의 자금 조달 실무에 도움이 될지 생각해 보면, 대부분은 탁상공론이 되고 말 내용들이다. 세상에는 아직 기업공개를 하지 않은 회사가 더 많으며, 또 정보 쏠림이 없는 완전한 자본 시장은 현실적으로 존재할 수 없기 때문이다.

CAPM(Capital Asset Pricing Model, 자본자산 가격결정 모형)이니 MM 이론(Modigliani-Miller theorem, 모딜리아니-밀러 정리)이니 하는 재무 이론은 미국에서 직수입한 이론들이다. 자본 시장을 전제로 한 주식금융이 중심이라서 부채금융의 관점이 빠져 있는 경우가 대부분이다.

그런데 아직도 많은 회사들이 부채금융 중심으로 유지되고 있다. 지금도 창업한 지 얼마 안 된 회사의 자금 조달을 뒷받침하는 것은 은행 등의 금융기관이 압도적으로 많다. 그런 이유로 미국식 자금 조달 이론은 많은 회사들의 자금 조달 업무에서는 거의 무용지물이다.

회사는 사업 규모에 따라 자금 조달 방법이 다르다. 예를 들어 창업한 지 얼마 안 된 회사가 주식금융으로 자금을 조달하는 것은 매우 드물다 할 수 있다. 현실적으로는 많은 회사들이 창업 및 운영 자금을 은행에서 차입해 조달한다. 그 후 규모가 점점 확대되고 기업공개를 하게 되면 자금 조달은 큰 전환점을 맞게 된다. 그리고 기업공개를 전후해서는 회사 규모가 확대되어 신용도가 높아지기 때문에 자금 조달 방법도 다양해진다.

여기서는 자금 조달 방법 조달 방법에 대해 회사 규모에 따라 단계적으로 설명하고자 한다.

영세 스타트업과
중소기업의 자금 조달법

회사는 주주의 출자에 의해 회사를 창업하는 데서부터 시작된다. 창업 초기에는 주주가 곧 경영자인 '오너 기업'이 대부분인데, 이 단계에서의 자금 조달 방법은 매우 한정적이다. 창업한 지 얼마 안 된 스타트업 등 영세 기업에 높은 위험 부담을 안고 주식금융으로 출자하려고 하는 투자가는 없기 때문이다. 또한 그렇게 자금의 공급과 수요를 연결시켜주는 장도 없다.

이 시기에 자금을 조달할 수 있는 방법은 주로 은행이나 신용금고를 통한 차입이다. 그렇지만 창업 초기에는 도산의 위험이 매우 높기 때문에 은행이나 신용금고도 융자에 신중하게 임한다. 이런 점에서 정부에서는 중소기업 보호 및 산업 육성의 관점에서 신용보증기금 등 준정부 기관을 통해 중소기업의 자금 조달이 원활해지도록 지원한다.

이런 보증기관이 보증하면 은행과 신용금고는 손실 위험을 보증기관에 이전할 수 있어서 융자 실무에서 적극적으로 활용한다. 그러나 당연히 보증기관의 보증 기준에는 한계가 있다. 보증기관도 융자를 신청한 회사들 중 경영 성적이 좋은 곳부터 우선적으로 할당한다. 이 보증기관의 기준을 넘지 못하면 현실적으로 융자를 받기 어렵다.

그 후 경영 실적이 안정적인 추이를 보이고 은행과 신용금고에서 보증기관 기준의 차입과 변제 실적이 쌓이면 은행이나 신용금고도 보증기관에만 의존하지 않고 자신들이 위험을 부담하면서 융자를 해주게 된다. 이는 금융기관과의 사이에 어느 정도의 신뢰가 형성되었다는 증거로, 그런 회사는 이미 창업기는 지났다고 할 수 있다.

기업공개를 염두에 둔 기업의 자금 조달법

성장세가 뚜렷해서 투자 대상으로 매력이 생기면 벤처캐피털(venture capital)이나 투자신탁회사 등을 통해 자금을 조달할 수 있게 된다. 또 기업공개를 하면 회사의 신용도가 높아져 자금 조달을 위한 선택지가 한층 더 넓어진다.

기업공개를 염두에 둔 경우의 자금 조달에 대해 알아보자.

펀드를 통한 자금 조달

사업이 순조롭게 계속 성장해 매출과 이익이 뚜렷하게 증가하는 경우, 은행에서 빌린 돈만으로 자금 조달을 하다 보면 자금 수요를 따라잡지 못할 수도 있다. 그런 일부 우량 기업은 다음 단계로 기업공개를 염두에 둔 자금 조달을 고려해 볼 수 있다.

회사에 주식을 공개할 가능성이 없으면 주식금융으로 증자하려고 해도 자금 출자자가 창업주나 그 일가, 임원 등으로 한정되기 때문에 계속 은행에 의지할 수밖에 없다. 그러나 매출이나 이익의 성장률을 종합적으로 판단해 기업공개 가능성을 드러내면 벤처캐피털 등을 통해 고액의 투자금을 모을 수 있다.

기업공개 가능성이 있는 회사에 투자하는 벤처캐피털은 정부 계열부터 금융기관 계열, 일반 회사 계열 등 다양하다. 그들은 '창업한 지 얼마 안 된 스타트업(Seed 단계)'부터 '곧 기업공개를 앞두고 있는 기업(Later 단계)'까지, 성장하고 있는 다양한 유형의 기업들에 투자한다.

그들은 기본적으로 투자한 회사가 주식을 공개하고, 보유한 주식을 매각하는 것을 투자 회수 수단으로 삼는다. 그러나 현실적으로는 기업공개를 중도에 포기하는 회사가 대부분이라서 50~500퍼센트 정도의 높은 수익을 바라고 투자 활동을 한다. 벤처캐피털에서의 투자금은 일반적으로 한 회사당 수억에서 수십억에 달하기도 한다.

한편 벤처캐피털에서의 투자를 받아들인다는 것은 이후 기업공개를 목표로 회사를 경영한다는 것을 의미한다. 벤처캐피털에 따라서는 투자처의 의사 결정이 기업공개와 직결되도록 회사에 핸즈온 팀(hands-on)이라는 지원 팀을 파견하는 경우도 있다. 그렇게 되면 여태까지 창업자 사장이 100퍼센트 의결권을 보유했을 때와 같은 자유로운 경영 활동은 불가능해진다. 벤처캐피털을 통해 자금 조달을 한다는 것은 동시에 창업자 사장의 지분율이 낮아진다는 것을 의미하기

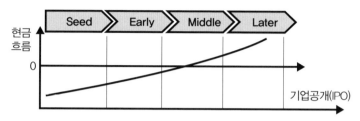

단계	사업 상태
Seed	창업 직후로, 미래의 유망한 비즈니스 재료(seed)가 있지만 영업현금흐름이 마이너스라서 투자가 필요한 단계
Early	비즈니스모델을 서서히 확립하고 있지만 매출이 충분하지 않아 적자를 면치 못하는 단계
Middle	비즈니스가 궤도에 올라 향후 기업공개를 목표로 하는 잠재력을 인정받을 수 있는 단계
Later	비즈니스가 흑자화하여 높은 성장률을 보이며 기업공개 준비에 들어간 단계

때문이다. 그래서 자본 정책을 잘못 사용하면 주주총회에서 특별결의(의결권 3분의 2 이상 필요)나 보통결의(의결권 과반수 이상 필요)를 할 수 없는 사태가 초래될 수도 있다. 따라서 벤처캐피털 등 제삼자를 고려해 증자를 할 경우에는 의결권 감소 비율과 필요 자금을 비교해 최적의 주식금융 조달 계획을 세워야 한다.

레버리지 효과를 살릴 수 있다

벤처캐피털을 통해 고액의 주식금융 자금을 조달하면 그것을 지렛대 삼아 부채금융 조달 규모도 늘릴 수 있다. 일반적으로 벤처캐피털의 증자 인수로 자본금이 증가하면 자기자본비율이 높아지고, 그와 함께 투자 실적도 긍정적인 평가 자료가 되기 때문에 금융기관에서의 여신 기준이 확대된다. 이를 이용해 금융기관에서의 차입금 조달액을 늘리는 것이다.

은행과의 관계 구축

규모가 이 정도가 되면 부채금융 현황도 차츰 달라진다. 규모가 커지면 신용보증기관의 보증 기준에서도 벗어나게 된다. 보증기관은 원래 갓 창업한 중소기업의 신용 보증을 목적으로 하는 공익 법인이기 때문이다.

이렇게 되면 은행 스스로 위험을 부담하고 융자에 대해 판단하게 된다. 은행 입장에서 보면 신용보증기관이 보증하는 융자일 경우 채권을 회수할 수 없게 되면 신용보증기관이 대신 인수한다. 하지만 은행 스스로 보증해야 하는 융자일 경우에는 전액 은행의 영업손실로 처리해야 할 위험이 있다. 그래서 은행 보증 융자로 전환되면 은행의 심사 기준이 갑자기 까다로워진다.

이때 은행단과 관계를 잘 유지하려면 주거래은행 선택이 중요하다. 주거래은행은 기업의 차입 잔고 내에서 가장 높은 시장점유율을 보유하는 은행을 말한다. 그 요건이나 역할이 법률 등으로 정해진 것은 아니다. 하지만 기업 금융에서 주거래은행은 회사와 가장 친밀하게 정보를 교환하며, 기업 실적이 악화되어 자금 조달에 어려움을 겪을 때는 가장 먼저 그 기업이 지속되도록 뒷받침한다.

은행은 차입 잔고 점유율에 강한 흥미를 보이므로 자기 은행이 주거래은행인 기업 고객은 반드시 인식하고 있으며, 높은 관심을 갖고 대한다. 비상시에는 솔선해서 돕는 대신 평상시에는 입금이나 외환 거래를 자기 은행에 집중되도록 해 수수료 수입을 얻기도 하고, 종합 자금 수급 계획 협의, 재무구조 개선 지도 등을 통해 서로의 이해를 조정하기도 한다.

이 단계가 되면 주거래은행과의 관계를 친밀하게 유지하는 것이 매우 중요하다. 실적이 악화되어 자금을 융통하기 힘들 때 주거래은행 외의 다른 금융권에 융자를 신청해도 어지간한 이득이 없는 한 주거래은행의 지원 없이 다른 은행이 융자를 해주는 경우는 드물다.

회사채(사모채)

회사채란 부채금융 조달 기법 중 하나로, 회사가 자금 조달을 위해 발행하는 채권이다. 회사가 일정 규모 이상으로 커져서 경영 기반이 안정되면 회사채를 통한 자금 조달도 가능해진다. 회사채가 차입금과 크게 다른 점은 상환 기한(3~10년 정도)이 정해져 있고, 일반적으로 그 상환 기한까지 원금을 변제하지 않아도 된다는 점이다. 또 차입금의 경우에는 담보나 보증을 요구하는 반면, 회사채는 담보 제공 없는 '무담보 회사채'인 경우가 많다. 그래서 일정 정도 이상의 신용이 없으면 발행할 수 없다.

상장 전이지만 회사의 역사가 길고 실적이 안정적이면 굳이 기업공개를 목표로 하지 않고 회사채를 발행해 자금을 조달할 수도 있다.

회사채는 불특정 다수의 투자가를 대상으로 발행하는 '공모채'와 특정 또는 소수 투자가를 대상으로 발행하는 '사모채'로 분류된다.

기업공개 전에 발행할 수 있는 것은 사모채가 대부분이다. 이는 공모채의 경우 채권을 발행할 때 증권신고서나 사업설명서 등을 공개할 의무가 있고 심사도 엄격해지기 때문에 기업공개를 하기 전인 회사가 이를 부담하는 것은 현실적으로 어려운 탓이다.

기업공개 이후의
자금 조달법은 이렇게 다르다

기업공개 후 자금을 조달하는 방법에 대해 알아보자.

기업공개

회사가 창업 후 높은 성장률을 유지하고 일정 심사 기준을 통과해 증권거래소에 상장한 후 주식을 다수의 일반 투자가들에게 공개하는 것을 '기업공개' 혹은 '주식공개'라고 한다.

주식을 공개할 때는 '모집'과 '판매'가 이뤄진다. '모집'은 새로운 주식을 발행해 자금을 조달하는 것을 말하며, '판매'는 주식을 공개한 회사의 창업자나 임원들이 보유하고 있던 주식을 시장에 팔아 자본이득(capital gain)을 얻는 것을 목적으로 한다.

주식공개를 하고 나면 그 후에는 신주 공모(PO: Public Offering)를 통해 일반 투자가에게 주식을 발행하고 자금을 조달할 수 있으므로 자금 조달력이 한층 높아진다. 주식공개로 얻을 수 있는 장점은 그 밖에도 많다. 회사의 인지도와 브랜드 가치가 향상되고, 거래 문의가 많아지며, 우수한 인재를 채용할 기회가 늘어난다.

하지만 그와 동시에 불특정 다수의 투자가에게 주식이 매각되기 때문에 투자가 보호 관점에서 상장 심사 시 요구되는 조건이나 상장 후의 정보 공개 기준도 훨씬 까다로워진다.

회사채(공모채)

기업공개로 상장회사가 되면 회사채도 불특정 다수의 투자가를 대상으로 발행하는 '공모채'를 통해 자금을 조달할 수 있다. 공모채는 사모채와 달리 일반 투자가에게 판매하기 때문에 신용도가 높아야 하며, 발행 시 증권신고서와 사업설명서를, 그 후에도 해마다 유가증권보고서를 의무적으로 공개해야 한다.

주식 발행과 다르지 않은 듯하지만, 공모채 발행은 투자가 보호가 한층 더 중시된다. 투자가 보호 조치들은 공모채를 발행한 회사의 실적이 악화되어 상환 기한에 채권을 상환하지 못해 부도가 나는 것으로부터 투자가를 사전에 보호하려는 데 목적이 있다.

은행 거래의 확대

주식을 공개해 상장회사가 되면 그 신용도를 이용할 수 있기 때문에 은행에서 돈을 빌릴 때도 선택지가 넓어진다. 그중 하나가 신디케이트론(Syndicated Loan)이다.

신디케이트론이란, 한 은행 단독이 아니라 여러 은행이 신디케이트(차관단)를 형성해 동일한 대출 조건으로 기업에 대출하는 형태의 차입을 말하는데, 주로 해외 기업체를 대상으로 한다. 일반적으로는 주 거래은행이 주관 은행이 되어 금융기관을 모집하고 전체적인 기획을 한다.

신디케이트론은 원래 단독으로 인수하려면 위험성이 높은 프로젝트나 조달 금액이 큰 기업을 매수할 때 한 은행의 융자 위험을 분산시키기 위해 여러 은행이 협조하는 데서 유래했다. 그래서 보통은 대규모 자금이 필요한 상장회사를 대상으로 한다. 그러나 최근에는 주식 공개 전인 회사라도 일정한 신용도가 있으면 은행들이 협조해 신디케이트론을 편성하는 경우가 늘고 있다.

회사의 자금 상황이 안 좋을 때 은행의 지원책은?

회사가 부채금융으로 자금을 조달한 상황에서 경영 상태가 악화되어 약정한 변제 조건을 지키지 못하는 경우가 있다. 회사 입장에서는 가장 피해야 할 채무 불이행 상황인데, 그럴 때 은행은 해당 회사를 즉시 도산 처리할까? 그렇지 않다. 조금이라도 채권 회수율을 높이기 위해 은행이 자주 이용하는 구제법이 몇 가지 있다.

회사의 어려운 상황은 대부분 차입금 변제 기일에 금전소비대차계약서에 약정한 대로 변제가 이뤄지지 않을 때 표면으로 드러난다. 그런 경우 은행은 다음과 같은 지원책을 찾는다.

이자 감면

이자 감면은 약정 변제 금액 중 대출이자를 유예·감면하는 것을 말한다. 적자의 정도가 비교적 가벼워서 이자를 제외한 원금은 변제할 수 있는 경우에 이용되는 지원책이다. 은행 입장에서는 대출이자를 면제해 주고 원금만이라도 확실하게 돌려받아 손실을 피하고 싶은 것이다. 그래서 대출이자를 포기하고 원금 회수를 우선하는 것이다.

변제 시기 재검토

당초 융자처와 금전소비대차계약으로 약정한 변제 예정 시기를 다시 한번 확인하는 것이다. 융자처가 현실적으로 매달 변제할 수 있는 금액을 검증하고, 그 변제 금액을 토대로 변제 계획을 다시 검토한다. 결과적으로 차입금 변제가 끝나는 시기가 처음보다 늦춰진다. 금융기관에서 융자처를 지원하는 방법 중 가장 많이 이용하는 것이 변제 시기 재검토다.

채권 포기

채권 포기는 현실적으로 융자처가 차입금 전액을 변제하기 어렵다고 판단되는 경우, 금융기관이 그 대출금의 일부 또는 전부에 대한 채권을 포기하는 것이다. 금융기관이 이 방법을 채택하는 것은 해당 채권을 회수하는 게 불가능하다는 것을 뜻한다. 대출금 일부를 포기하면 나머지 대출금은 회수할 가능성이 커지는 상황이나 융자처의 사업 규모와 대출 금액이 지나치게 커서 융자처가 도산하면 연쇄 도산이 일어날 가능성이 큰 경우에 채택한다. 그러나 금융기관에서도 채권을 포기했다는 실적은 남기고 싶어 하지 않는다. 그래서 어지간한 조건이 갖춰지지 않으면 보통은 시행하지 않는다.

기존 자산으로 새로운 자금을 만드는 솔깃한 방법

지금까지는 회사가 주식금융과 부채금융으로 자금을 조달하는 방법을 살펴봤다. 이 방법들은 대차대조표로 말하자면 대변(貸邊) 쪽 숫자가 증가해 총자산이 증가하는 기법으로, 자금을 직접적으로 증가시키는 방법이다.

이와 함께 최근에는 회사가 보유한 자산을 활용해서 자금을 조달하는 자산금융(Asset finance)이라는 기법이 많이 이용되고 있다. 예전에는 회사의 토지나 건물 등의 부동산에 저당권을 설정해 차입금에 대한 담보로 활용하거나 거래처에서 받은 어음을 은행에서 할인해 지급 기일 전에 자금으로 전환하는 것이 자산을 자금 조달에 활용하는 방법의 전부였다. 그런데 최근에는 매출채권을 매각하거나 임대하는 등 자산을 활용해 효과적으로 자금을 조달하는 기법이 정비되었다.

매출채권 팩터링

팩터링(factoring)이란, 거래처에 대한 매출채권을 금융기관(팩터링 회사)에 매각하는 행위로, 원래의 매출채권 회수 기일보다 앞서 채권을 자금화하는 기법이다. 매출채권은 외상매출금과 받을어음 등 외상 판매에 대한 대금을 말하며, '월말 마감일 후, 90일 후불'과 같이 회수 조건이 규정되어 있다.

기존에는 '매출채권'이라고 하면 받을어음이 주류였고, 어음의 경우는 배서한 후 다른 거래처에 결제 대금으로 지불하거나 은행에서 할인받는 등 기일 전에 자금화할 수 있었다. 그러나 최근에는 여러 이유로 어음 발행 사례가 줄고 있다. 그 대신에 외상매출금을 합의된 기일에 일괄 지불하는 것이 주류가 되어 상대적으로 매출채권 회수 기간이 짧아졌다. 하지만 외상매출금은 받을어음처럼 만기일 전에 자금화할 방법이 없는 탓에 이를 팩터링 회사에 매각해 조기에 자금화하는 것이다.

외상매출금을 자금화하고 싶은 회사는 외상매출금을 팩터링 회사에 매각하고 싶다는 뜻을 거래처에 통지하고 거래처의 승낙을 얻은 후 팩터링 회사에 채권을 매각한다. 팩터링 회사는 외상매출채권의 대가로 의뢰 회사에 현금을 지불한다. 이때 지급 기일까지의 금리와 수수료가 공제되는 점은 어음할인 방식과 동일하다. 그 후 팩터링 회사는 지불 기일에 거래처에서 해당 채권을 회수한다.

팩터링에는 팩터링 회사가 사들인 채권이 채무 불이행되었을 때 의뢰 회사에 상환청구를 할 수 있는 '상환청구형'과 사들인 채권이 채무 불이행되어도 채권 상환청구를 할 수 없는 '비상환청구형'이 있다. 비상환청구형의 경우는 팩터링 회사의 손실 위험이 높기 때문에 수수료가 비싸다.

팩터링은 외상매출금을 양도할 때 거래처의 승낙이 필요하기 때문에 어음할인과 비교했을 때 이용하기 불편한 것도 사실이다. 그러나 지속적으로 고액의 거래를 하는 경우, 거래처로부터 이해를 구하면 매출채권을 조기에 자금화할 수 있다.

고정자산 매각 후 재임대

회사 소유의 토지, 건물, 기계장치 등의 고정자산은 보통 장기간에 걸쳐서 회사의 이익 확보에 공헌하는 것을 목적으로 보유한다. 따라서 고정자산을 매각하면 사업을 지속하는 데 지장이 생기므로 웬만해서 이를 매각하지 않는다. 그런데 일단 매각한 후 해당 고정자산을 재임대하면 사업을 지속할 때 문제없이 고정자산을 계속 사용할 수 있다. '매각 후 재임대'란 이처럼 고정자산을 리스 회사에 매각해 자금화한 후 똑같은 물건을 임대해서 계속 사용하는 방식을 말한다.

예를 들어 회사의 공장 건물, 기계장치를 10억 엔(약 114억 원)에 리스 회사에 매각하고, 이를 5년간 임대하면 매각 시에는 10억 엔의 현금 수입이 발생하고, 그 후 5년에 걸쳐 2억 엔(약 22억 8,000만 원)씩 수수료와 금리를 더한 임대료를 지불하게 된다. 5년간의 이 지출 합계는 고정자산을 계속 보유할 경우와 비교할 때 수수료와 금리 때문에 꽤 불리할 수도 있다. 그러므로 매각 후 재임대는 일시적으로 고액의 자금이 필요한 경우, 혹은 유휴 자산을 가지고 있는 경우 단계적으로 정리해 대차대조표의 슬림화를 도모하고자 할 때 활용하는 것이 좋다.

회사가 외부의 간섭 없이 마음대로 경영 활동을 추진하고자 한다면 부채금융, 주식금융, 자산금융과 계통이 다른 기법을 구사하여 자금을 조달해야 한다. 회사 규모에 따라 취할 수 있는 자금 조달 방법이 다른데, 창업 초기에는 금융기관을 중심으로 하는 부채금융을 선택하지 않을 수 없다. 그래서 금융기관에 대한 설명 책임이나 신뢰관계 구축이 중요해진다.

회사 규모가 확대됨에 따라 주식금융을 통한 자금 조달로 선택지가 넓어지지만 그만큼 주주에 대한 설명 책임도 커진다. 그러므로 회사는 무엇보다 그 설명 책임을 이행할 수 있도록 충실히 경영관리를 해야 한다. 특히 회사의 규모와 자금 용도에 맞춰서 가장 적합한 자금 조달 방법을 설계해 실행하고, 절대로 채무가 불이행되는 일이 없도록 신중하게 자금을 융통해야 한다. 이는 회사를 존속시키기 위한 최우선 과제다.

옮긴이 박재영

서경대학교 일어학과를 졸업했다. 출판, 번역 분야에 종사한 외할아버지 덕분에 어릴 때부터 자연스럽게 책을 접하며 동양권 언어에 관심을 가졌다. 번역을 통해 새로운 지식을 알아가는 데 재미를 느껴 번역가의 길로 들어서게 되었다. 분야를 가리지 않는 강한 호기심으로 다양한 장르의 책을 번역, 소개하고자 힘쓰고 있다. 현재 번역에이전시 엔터스코리아의 출판기획자 및 일본어 전문 번역가로 활동하고 있다. 옮긴 책으로는《1인 기업을 한다는 것》《중국발 세계 경제 위기가 시작됐다》《성공한 사람들은 왜 격무에도 스트레스가 없을까》《경제학에서 건져 올리는 부의 기회》등이 있다.

팀장을 위한 회계

초판 1쇄 발행 2021년 5월 31일

지은이 다니구치 사토시
펴낸이 정덕식, 김재현
펴낸곳 (주)센시오

출판등록 2009년 10월 14일 제300-2009-126호
주소 서울특별시 마포구 성암로 189, 1711호
전화 02-734-0981
팩스 02-333-0081
전자우편 sensio0981@gmail.com

기획·편집 이미순, 심보경   **외부편집** 고정란
마케팅 허성권, 이다영   **경영지원** 김미라
본문디자인 윤미정   **표지디자인** Design IF

ISBN 979-11-6657-016-2 03320

소중한 원고를 기다립니다. sensio0981@gmail.com